Valuation Adjustment Mechanism and M&A:
Causes, Consequences and
Influence Mechanism

对赌协议与企业并购：
成因、后果及影响机制

关静怡　刘娥平　著

·广州·

版权所有　翻印必究

图书在版编目（CIP）数据

对赌协议与企业并购：成因、后果及影响机制/关静怡，刘娥平著．—广州：中山大学出版社，2021.8
ISBN 978 - 7 - 306 - 07290 - 0

Ⅰ.①对…　Ⅱ.①关…②刘…　Ⅲ.①期权交易—法律效力—关系—企业兼并—研究　Ⅳ.①D912.280.4 ②F271.4

中国版本图书馆 CIP 数据核字（2021）第 166327 号

出　版　人：王天琪
策划编辑：曾育林
责任编辑：曾育林
封面设计：曾　斌
责任校对：陈　莹
责任技编：何雅涛
出版发行：中山大学出版社
电　　话：编辑部 020 - 84113349，84110776，84110779，84111997，84110283
　　　　　发行部 020 - 84111998，84111981，84111160
地　　址：广州市新港西路 135 号
邮　　编：510275　传　真：020 - 84036565
网　　址：http://www.zsup.com.cn　E-mail：zdcbs@ mail.sysu.edu.cn
印　刷　者：广州市友盛彩印有限公司
规　　格：787mm×1092mm　1/16　11.875 印张　229 千字
版次印次：2021 年 8 月第 1 版　2021 年 8 月第 1 次印刷
定　　价：68.00 元

如发现本书因印装质量影响阅读，请与出版社发行部联系调换

作者简介

关静怡（1992— ），女，汉族，广东阳江人，广东财经大学会计学院讲师，管理学博士，研究方向为公司财务与投资。E-mail：g.jenny@qq.com.

刘娥平（1963— ），通讯作者，女，汉族，湖南永兴人，中山大学管理学院教授、博士生导师，管理学博士，研究方向为公司理财、投资项目与公司价值评估、兼并与收购。E-mail：mnslep@mail.sysu.edu.cn.

基金项目说明

国家自然科学基金面上项目"定增并购中的价格偏离及其经济后果研究——基于股票错误定价与对赌协议的视角"（71672202）、国家自然科学基金青年项目"时空视角下的对赌协议与企业并购：绩效、风险及影响机制"（72002040）、广东省自然科学基金面上项目"时空视角下的对赌协议与并购绩效风险：经济后果、机制分析及应对措施"（2021A1515012267）、"可转债并购中的价格偏离及其经济后果研究——基于双重不对称信息与大股东参与的视角"（2021A1515011986）。

目　录

第1章　引言 …………………………………………………………… 1
　1.1　研究背景与意义 ………………………………………………… 1
　1.2　研究思路与方法 ………………………………………………… 5
　1.3　研究内容与框架 ………………………………………………… 5
　1.4　研究贡献与创新 ………………………………………………… 11

第2章　理论基础与文献综述 ………………………………………… 13
　2.1　并购交易的驱动机制 …………………………………………… 13
　2.2　并购溢价 ………………………………………………………… 15
　2.3　并购绩效 ………………………………………………………… 20
　2.4　对赌协议 ………………………………………………………… 23
　2.5　股价崩溃 ………………………………………………………… 30
　2.6　评述 ……………………………………………………………… 34

第3章　制度背景与市场现状 ………………………………………… 37
　3.1　制度背景 ………………………………………………………… 37
　3.2　市场现状 ………………………………………………………… 44
　3.3　存在的问题 ……………………………………………………… 74
　3.4　结论与启示 ……………………………………………………… 78

第4章　对赌协议与并购溢价 ………………………………………… 80
　4.1　研究假设 ………………………………………………………… 80
　4.2　研究设计 ………………………………………………………… 83
　4.3　实证结果与分析 ………………………………………………… 86
　4.4　稳健性检验 ……………………………………………………… 93
　4.5　结论与启示 ……………………………………………………… 98

第5章　对赌协议与股价崩溃风险 …………………………………… 100
　5.1　研究假设 ………………………………………………………… 100
　5.2　研究设计 ………………………………………………………… 106
　5.3　实证结果与分析 ………………………………………………… 111

  5.4 进一步讨论 …………………………………………………… 118
  5.5 稳健性检验 …………………………………………………… 125
  5.6 结论与启示 …………………………………………………… 134
第6章 股价高估、业绩承诺与业绩实现 ……………………………… 136
  6.1 研究假设 ……………………………………………………… 136
  6.2 研究设计 ……………………………………………………… 139
  6.3 实证结果与分析 ……………………………………………… 142
  6.4 进一步讨论 …………………………………………………… 147
  6.5 稳健性检验 …………………………………………………… 153
  6.6 结论与启示 …………………………………………………… 156
  6.7 附注：信息不对称以及管理层委托代理的变量定义 ……… 156
第7章 研究结论与不足之处 …………………………………………… 160
  7.1 研究结论 ……………………………………………………… 160
  7.2 不足之处 ……………………………………………………… 163

参考文献 …………………………………………………………………… 165

第1章 引　　言

1.1　研究背景与意义

近年来，在并购重组交易中签订对赌协议逐渐成为市场交易惯例。该协议是标的公司售股股东（承诺方）向收购方做出承诺，约定标的公司在未来一定期限实现一定业绩水平（通常是某种口径的净利润，例如扣除非经常性收益后归属于母公司股东的净利润），如果在约定的对赌期内无法兑现承诺业绩，则由承诺方以现金或者股份的形式向收购方进行补偿。之所以签订这一协议，是由于标的公司的估值问题在很大程度上决定了收购方在并购交易中的成败，而标的公司通常是非上市公司，信息不对称问题较为严重，或者正处于初创阶段，未来发展前景面临较大的不确定性，因而价值往往难以估量。在这种情况下，对赌协议中的业绩承诺扮演了极为重要的角色：一方面，它有助于修正标的公司的估值，弱化信息不对称问题给收购方带来的不公平性；另一方面，业绩承诺的履约压力有助于激发潜能，促使标的公司努力提高业绩水平。于是，对赌协议在上市公司的并购交易中得到了广泛的运用。

与此同时，近年来的并购交易溢价出现逐渐抬升、行业分布不均匀的现象，运用收益法估值较多的传媒、计算机等行业并购溢价尤其令人瞩目。根据同花顺 iFinD 的数据进行统计，2012 年后整体并购溢价出现快速上涨的趋势，由 2.011 倍溢价上升至 2015 年高峰值的 5.086 倍，随后两年略有回落，但仍然保持较高的水平。其中，高并购溢价的交易事件主要集中于传媒、计算机、通信、生物医药等轻资产或高科技行业，而钢铁、采掘、有色金属、化工、国防军工等重资产行业的并购溢价相对较低。按照并购交易中的资产估值方法进行分类后，发现采用收益法估值后平均并购溢价为 5.599 倍，而采用其他估值方法（主要是资产基础法和市场法）后平均并购溢价为 2.422 倍，这些收益法估值的并购交易主要集中于传媒、计算机、通信、生物医药等行业，并使这些行业表现出高溢价并购的特征。与此同时，随着 2015—2017 年上市公司高溢价并购盛行，此期间 A 股市场的商誉总额快速增长，2014 年商誉总额为 3334 亿元，2017 年已经暴涨至 1.306 万亿元，当中潜藏的商誉减值风险值得警惕。

按照现行法规要求，采用收益法进行估值时，一般需要同时签订对赌协议。其中，对赌协议所约定的业绩水平通常是由资产评估报告预测的未来收益来决定，这一做法的本意是缓解收购方和标的公司之间的信息不对称问题，从而保障交易双方以及广大中小投资者的权益，既可以遏制标的公司"漫天要价"，防止劣质资产进入上市公司，同时也使得品牌资源丰富、研发能力强大、销售渠道广阔的企业能够得到合理的估值，不会因为拥有较多账面无法反映的资源而低价出售。一般情况下，先由专业评估机构对标的公司未来业绩进行预测并得到评估价值，标的公司售股股东再根据业绩预测进行承诺，收购方以评估价值为基准支付并购对价，如果承诺业绩无法兑现，则由承诺方对收购方进行赔偿，这些措施看上去似乎为买卖双方公平交易提供了较大的保障，然而，严峻的现实没能对这一美好愿望予以回应。

另外，为了获取更高的收购价格，标的公司在并购前会有强烈的动机利用信息不对称性对会计信息进行控制或调整，尤其是网络技术、生物医药、传媒影视等新兴行业近几年正逐渐成为被收购的主力军，这些行业的重要特征是重知识而轻资产，难以通过盘点式的资产基础法进行估值，而主要依据盈利能力进行价值评估。那么，漂亮的财务报表就会成为某些公司待价而沽的重要筹码。而另一些公司则着眼于未来，希望暂时性地隐藏自身的高盈利能力，再配合对赌协议承诺在未来几年实现高速增长，此类公司在收益法的评估下，同样能被贴上高价标签。因此，标的公司有动机通过盈余管理来影响上市公司对其价值的判断，进而影响并购价格，但这种行为会降低信息披露质量，引起风险。

当前，越来越多上市公司签订对赌协议后出现业绩变脸、商誉减值、股价崩溃的问题。根据 iFinD 数据，统计 2012—2019 年 A 股市场的对赌并购交易中共计 5145 个"并购事件 - 年"业绩观测值，发现有 26.4% 存在对赌违约情形，在第一年出现对赌违约的次数有 276 次，第二年、第三年的违约次数分别为 413 次和 518 次，而且违约缺口金额也在不断上升，从对赌第一年的 8664 万元上升至对赌第三年的 1.051 亿元，这意味着随着对赌协议的推进，实现业绩承诺的难度越来越大，业绩变脸的问题也越来越严重。再进一步统计对赌并购中收购方和标的公司的财务绩效，则可以发现双方在完成对赌并购后都出现了持续多年的财务绩效下滑问题。

财务绩效的下滑引起了商誉减值问题。2014年，共计155家上市公司计提了41亿元商誉减值损失，平均每家公司减值2630万元；2015年后商誉减值潮开始出现；到了2018年突然爆发性增长，当年有886家上市公司计提商誉减值，商誉减值总额为1624亿元，平均每家公司减值1.83亿元，计提超过10亿元商誉减值的公司有45家；随后的2019年共计845家上市公司计提了1578亿元商誉减值，平均每家公司减值1.86亿元，计提超过10亿元商誉减值的公司有36家。结合当前A股市场的商誉总量，按照这一趋势，未来A股市场商誉减值压力不容小觑。

商誉减值后接踵而来的便是股价闪崩。例如，2020年12月23日晚间，数知科技（300038.SZ）发布商誉减值风险的提示公告，称"公司判断部分子公司形成的商誉存在减值迹象……截至2020年11月30日，公司因收购BBHI公司形成的商誉562778.98万元、收购日月同行形成的商誉33236.71万元、收购金之路形成的商誉8503.84万元、收购鼎元信广形成的商誉5560.08万元，上述公司经营状况持续恶化，将出现商誉减值，对公司的经营管理产生不利影响，预计减值金额为人民币56亿元至61亿元"[①]。值得注意的是，该公司在公告日当天的总市值为63.51亿元，相当于几乎要把公司总市值减值完毕。这一公告发布后引起市场震惊，12月24日开盘后股价直接一字跌停。从商誉金额来看，此次爆雷事件主要与BBHI有关[②]，而且，在并购之时双方还签订了对

---

① 在2020年12月24日，数知科技针对前一天披露的提示公告进行了更正，主要是修改了一些金额，但不影响本书的观点。

② 数知科技2020年12月29日发布的《关于深圳证券交易所对公司关注函回复的公告》显示，数知科技（简称"公司"，曾用名"梅泰诺"）以发行股份及支付现金的方式向Blackbird Hypersonic Investments Ltd.（简称"BBHI"）的原股东上海诺牧投资中心（有限合伙）和宁波诺裕泰翔投资管理有限公司（简称"宁波诺裕"）购买其持有的BBHI 100%的股权。2016年8月，宁波诺信收购BBHI的99.998%股权，支付对价为286554.62万元，形成合并商誉247957.75万元。同时，作为一揽子交易，宁波诺信收购BBHI公司100.00%股权的支付对价为630000.00万元，形成合并商誉为591402.35万元。2017年3月8日，完成此次交易标的资产宁波诺信100%股权的过户手续及相关工商登记。2017年3月24日，此次发行股份购买资产新增股份登记上市，此时公司对BBHI公司的合并商誉为562767.72万元。截至2020年11月30日，公司未对BBHI计提商誉减值准备。

赌协议：梅泰诺（后更名为"数知科技"）与交易对方于 2016 年 11 月 30 日约定，2017—2019 年实现业绩分别为 7158.70 万美元、8590.50 万美元、9993.10 万美元，该"业绩"是指合并报表口径下归属于 BBHI 母公司股东的净利润（以扣除非经常性损益前后孰低者为准）。根据数知科技 2020 年 4 月 25 日公告的《对重大资产重组之 2019 年度业绩承诺实现情况的说明》显示，BBHI 2017 年、2018 年、2019 年实际业绩分别为 7640.35 万美元、9575.29 万美元、9110.24 万美元，已经完成了业绩承诺。可是，刚完成了业绩承诺就立马计提巨额商誉减值，这一现象极其蹊跷。

于是，一个重要的问题应运而生：对赌协议真的为收购方创造了价值吗？尽管对赌协议的经济后果已经得到了初步验证，发现对赌协议有助于提高并购协同效应（吕长江、韩慧博，2014）[1]，对标的公司发挥激励效应（潘爱玲等，2017）[2]，抑制大股东的利益输送行为（杜依倩、费一文，2017）[3]，提高上市公司的市场绩效（沈华玉、林永坚，2018）[4]。但是，单向业绩对赌却可能会扭曲交易定价、妨碍交易公平、阻滞并购整合（赵立新、姚又文，2014）[5]，实践中，更有些公司为获得高并购溢价，不顾自身客观条件，强行做出爆发式增长的承诺业绩，结果导致业绩连续不达标。甚至对赌违约后的补偿机制也正在沦为上市公司操纵利润的手段（王建伟、钱金晶，2018）[6]。更为重要的是，对赌协议条款的制定并不是一个外生、静态的过程，而是受到收购方市场条件和公司治理、标的公司盈余管理等诸多因素共同作用的结果，只有揭示这些因素如何影响对赌协议的价值创造或价值破坏作用，才能帮助监管方和上市公司取其精华、弃其糟粕，使对赌协议的缓解信息不对称功能和激励效应得以发挥。

由此来看，尽管签订对赌协议的初衷是为了降低收购风险，可如果标的公司在并购前通过盈余管理隐藏其真实盈利能力，导致承诺方约定的对赌目标过高而无法实现，或者收购方受非理性情绪所裹挟，对标的公司盈利能力有着不切实际的预期，将容易加剧并购风险。即使一些公司通过特殊手法在对赌期内强行兑现业绩承诺，但也牺牲了未来的长期增长，以今后业绩陷入萎靡不振为代价来换取对赌期内的虚假繁荣。而综观过往，每次股价崩溃都带来了严重的经济问题和社会问题，例如，股市的良性发展被打破，公司的正常经营受到干扰，广大投资者的财富大幅缩水，甚至有些人因爆仓而自杀。所以，应当寻找一种机制对现有的对赌协议制度进行完善，使得对赌协议在标的公司中形成良性的激励约束。

有鉴于此，深入讨论对赌协议影响企业并购的成因、后果及影响机制，揭示对赌条款与并购交易定价、绩效风险之间的关系，将有助于维护金融市场的稳定、推动资本市场健康发展，帮助上市公司理性地认识和运用对赌协议。本书在现有研究的基础上独辟蹊径，以承诺增长率为切入点，并追溯至签订对赌协议之前的标的公司盈余管理以及收购方股价高估，尝试揭示对赌协议影响并购溢价、并购风险、并购绩效三方面的经济后果及内在机理，为中国企业借助对赌协议迈向真正的并购成功之路寻找线索与启示。

1.2 研究思路与方法

本书的研究思路包括理论文献回顾、制度背景与行业现状分析、研究假设构建、大样本实证研究四个环节。首先对相关理论文献、政策监管与行业现状进行回顾，归纳总结该领域内的学术研究脉络和动态，分析当前业界运用对赌协议所面临的问题；然后，通过信息不对称理论、委托代理理论、市场时机理论、激励理论等分析对赌协议影响企业并购的成因、后果与机制，凝练科学问题并提出研究假设；最后，选取上市公司实施的对赌并购交易事件为研究样本，按照"并购溢价——并购风险——并购绩效"的逻辑，从三个角度分别展开实证研究。

在理论研究部分，主要采用了文献研究法和案例研究法；在实证研究部分，主要采用描述性统计和多元回归方法。为了确保研究结果可靠，采用了替换变量、调整样本、工具变量（IV+2SLS）、差分回归等方法对实证结果进行了稳健性检验。

1.3 研究内容与框架

全书按照"理论基础与文献综述——制度背景与市场现状——理论分析与研究假设——实证检验与结果分析——研究结论与启示"的模式展开研究，具体的研究内容包括：

第 1 章为引言部分。该部分主要介绍了本书的研究背景与意义、研究思路与方法、研究内容与框架、研究贡献与创新。

第 2 章为理论基础与文献综述。该部分主要分为并购交易的驱动机制、并购溢价、并购绩效、对赌协议、股价崩溃五个方面并对其进行梳理。

（1）并购交易驱动机制方面，从市场时机视角下的估值套利动机和委托代理视角下的内部人掏空动机两个方面来梳理。在估值套利方面，现有研究认为，上市公司会通过并购来获取估值套利，当公司或者个人能从并购中套利时，发起并购的动机就会更加强烈，但此类并购的绩效表现却往往不好。而对内部人掏空的研究则主要关注大股东和管理层，认为大股东可以通过影响并购交易价格实现对上市公司的掏空侵占，同时，管理层基于个人私利，也会从事价值破坏型并购交易。

（2）并购溢价方面。首先，从市场、企业和参与交易的个人三个层面概括了并购溢价的成因。市场层面主要以股价高估为代表，认为股价高估将会导致并购溢价提高；企业层面主要以并购交易的对价等特征为代表，认为现金支付比例、企业声誉会影响并购溢价；交易者层面以委托代理视角下的大股东掏空、高管过度自信，以及行为金融视角下的锚定效应为代表，认为大股东掏空侵占、高管过度自信会导致并购溢价过高，而且并购溢价还会受到高管联结关系、企业联结关系、历史决策、行业领先者等影响，表现为锚定效应。其次，分析了盈余管理如何影响并购溢价，这主要取决于投资者能否"看透"财务报表的真实性。最后，讨论了溢价并购所形成的商誉是否具有价值相关性。

（3）并购绩效方面，从并购交易事前、事中、事后三个角度梳理了并购绩效的各种影响因素，即可以概述为：并购决策者的自利行为使得他们更容易执行价值破坏型并购；有助于降低交易双方信息不对称的因素可以通过帮助收购方准确评估标的公司进行价值来提升并购绩效；在交易后对标的公司持续监督使之正常稳定经营，可以提高并购绩效。

（4）对赌协议方面，由于国外对赌交易方式与国内不同（国外是或有支付制，国内是违约补偿制），国外的研究主要验证了对赌协议在推迟支付、缓解信息不对称等方面的作用，而国内的研究则明显存在"良药派"和"毒药派"两个体系，前者肯定了对赌协议发挥激励效应、提升并购协同效应的价值，后者则结合对赌并购后频现的业绩违约和股价闪崩问题，论述了对赌协议扭曲并购交易定价机制、恶化委托代理问题的弊端。

（5）股价崩溃方面，基于股价崩溃的根本原因在于坏消息突然爆发，因而从信息生成、信息传播和信息使用三个层面梳理股价崩溃的成因。如果理性视角下的委托代理问题或者非理性视角下的过度自信问题阻碍了管理层对坏消息的披露，将会引发股价崩溃风险；如果信息传播的环节出现问题而误导了投资者的判断，或者投资者信息使用不当，也将会加剧股价崩溃风险。

第3章为制度背景与市场现状分析。该部分回顾和梳理了当前并购重组与对赌协议的政策制度与监管现状，通过数据统计描述了当前资本市场中并购交易规模、商誉与商誉减值、并购溢价、业绩承诺、业绩实现、并购绩效与监管问询的运行状况，并归纳了其中存在的突出问题。

制度背景部分总结了随着并购市场不断发展，并购重组的相关政策法规也在与时俱进地不断完善，以适应不同经济发展阶段的需求，对并购重组形成引导和规范作用。同时，对赌协议方面的政策法规亦在不断发展变化，最初采用的是一刀切的强制业绩承诺政策，后来发现这一做法容易扭曲市场交易价格机制的运行，为此，适当放松了强制业绩承诺的规定，并且随后发布了一系列问答对并购交易如何运用对赌协议提出了更为明确的要求，还通过修订相关法规对信息披露与履约过程提出了更高的要求。

市场现状部分总结了在2014年至2017年期间，并购交易规模、并购溢价、并购商誉呈现快速上升的趋势，此后却出现了严重的商誉减值问题。其中，推高并购溢价、并购商誉的重要原因在于采用了收益法估值并且签订了对赌协议，对赌协议中的平均承诺增长率、平均承诺金额在这段时间也保持了高位运转。尽管业绩承诺水平高高在上，业绩实现情况却每况愈下，业绩仅精准达标的公司不在少数，违约事件越来越多、违约缺口越来越大，并且，随着对赌期的推移，对赌违约的问题变得越来越严重。这些情况引起了监管方的高度关注，并从政策法规、并购审批、交易所问询方面采取了强有力的措施，以坚决遏制对赌并购乱象，这才使得情况在2018年后出现转机，市场过热的情绪开始消退，上市公司实施并购交易的动机更加务实、对标的公司的预期更加理性。这些情况表明，在并购市场狂热时期存在着四个主要问题：一是并购交易重量轻质，片面追求规模扩张，而忽视了对标的公司盈利能力的审慎考查；二是标的公司管理失控，一些上市公司盲目轻信对赌协议，轻视了并购后的整合难度，导致标的公司在会计核算、资金管理、人事管理方面陷入混乱失控状态；三是业绩承诺履行乱象丛生，精准达标、对赌违约以及对赌违约后的拒绝赔付问题相当严重；四是监管处理力度过轻，部分案例的处理方式是"高高举起、轻轻放下"，仅通过口头批评、公开谴责等声誉机制加以处罚，震慑力较为有限。

第 4 章实证检验了对赌协议对并购溢价的影响。选取了 A 股上市公司 2012—2020 年公告的、签订了对赌协议的定增并购交易事件作为研究样本，实证研究发现：①对赌协议中的承诺增长率与并购溢价正相关，并且在单向对赌时，承诺增长率与并购溢价之间的正相关关系更显著，这可能是由于双向对赌条款使得收购方存在继续支付的可能性，不必立即为优质资产支付较高的价格，从而弱化了承诺增长率与并购溢价的关系。②标的公司并购前的盈余管理程度越高，则并购溢价越高，其中正向盈余管理会加强承诺增长率与并购溢价的正相关关系，而负向盈余管理则削弱了承诺增长率与并购溢价的关系。这些结果刻画了对赌协议影响并购溢价的内在逻辑与机理，突出了交易前标的公司盈余管理可能造成的影响，从而丰富了并购溢价成因的研究。

第 5 章实证检验了对赌协议对股价崩溃风险的影响。选取了 A 股上市公司 2012—2019 年公告的、签订了对赌协议的定增并购交易事件为研究样本，实证研究发现：①业绩承诺增长率与股价崩溃风险正相关，并且在单向对赌时，承诺增长率与股价崩溃风险之间的关系更为显著，这可能是由于双向对赌合约存在并购对价动态调整的可能性，从而降低了收购方与标的公司管理层之间的委托代理问题。②并购溢价、标的公司盈余管理与股价崩溃风险正相关，其中并购溢价在承诺增长率影响股价崩溃风险的过程中发挥中介作用，标的公司盈余管理则主要是通过降低信息不对称程度而非影响并购对价导致股价崩溃风险加剧。③按照大股东是否参与并购进行分组回归后发现，在大股东不参与时，承诺增长率和标的公司盈余管理对收购方股价崩溃风险的影响更为显著，但是，在大股东参与的情况下，并购溢价对股价崩溃风险的影响更为显著，意味着大股东参与并购存在复杂的利益问题，虽然在短期内不能得到大股东掏空侵占上市公司的确切证据，但他们可以利用自身对上市公司的影响力,将风险向远期进行转移。这些结果意味着,对赌协议仅存在有限的激励效应,超出正常范围的对赌目标反而会加剧收购方的股价崩溃风险,而在对赌协议影响股价崩溃风险的过程中,并购溢价是重要的中间环节。同时也意味着,设置合理的对赌目标和合理的并购交易价格,是降低并购后股价崩溃风险的重要手段。

第6章实证检验了股价高估、业绩承诺与业绩实现的关系。选取了A股上市公司2012—2019年公告的对赌并购交易事件为研究样本,实证检验股价高估、业绩承诺与业绩实现的关系。实证研究发现:①股价越被高估,收购方越倾向于收购高承诺增长率的标的公司,并且收购方在并购前的信息不对称问题越严重,则股价高估会导致收购方对高承诺增长率具有更强烈的偏好。②承诺增长率越高,则业绩实现情况越差,即便标的公司本年实现了高增长,明年要继续实现业绩目标的难度也会更大。③当收购方股东与管理层之间委托代理问题严重时,管理层执行并购的首要目的不在于为股东创造价值,而是看重高承诺增长率所蕴含的信号效应,以便在短期内攫取更多私人收益。这些结果意味着,在"高承诺、高估值、高溢价"并购交易事件的监管中,应着重关注承诺净利润的可行性,并且对交易后的信息披露、对中介机构持续监督标的公司履约情况提出更高的要求。因此,上市公司有必要更为谨慎地对待股价高估的市场时机,而不应受股价高估的驱动,盲目追寻高承诺增长率的标的公司作为噱头迎合市场投资者,疏于对项目自身盈利能力的评判和考察。

第7章总结了全书的研究成果以及不足之处。结合前文的研究结果,围绕如何合理地运用对赌协议发挥其激励效应的问题,为监管部门规范对赌并购交易、保护利益相关者的合法权益,为上市公司借助对赌协议降低并购风险、迈向真正的并购成功之路提出了有针对性的建议,并指出了本书的不足之处,提出该领域未来值得进一步深入挖掘的研究方向。

本书的结构框架可以概括为图1-1。一方面,在理论层面展开讨论,立足于信息不对称理论和委托代理理论,在驱动机制、并购溢价、对赌协议、绩效风险方面进行文献综述,总结了政策制度监管、市场现状以及可能存在的问题,据此凝练科学问题,分析梳理相关变量的影响机制,并提出研究假设。另一方面,在理论研究的基础上开展实证分析,按照"并购溢价——并购风险——并购绩效"的逻辑和"研究假设——变量设计——实证模型"的思路,分别讨论承诺增长率对并购溢价、股价崩溃风险和业绩实现情况的影响，并最终形成研究结论与启示。

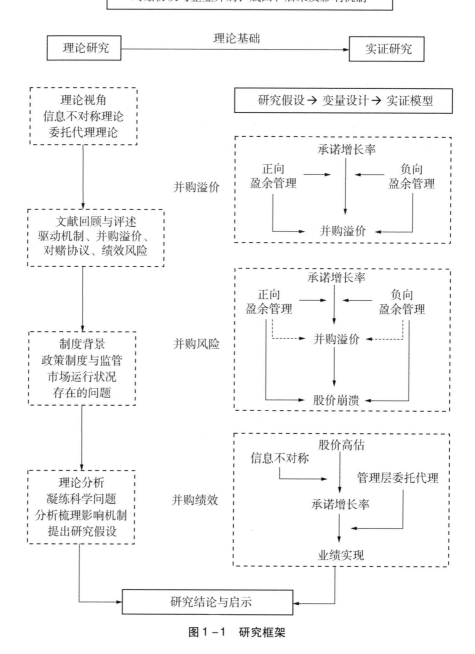

图1-1 研究框架

1.4 研究贡献与创新

本书以对赌协议中的承诺增长率为切入点，通过三个实证章节分别探讨了承诺增长率对并购溢价、股价崩溃风险和业绩实现情况的影响，从而揭示了对赌协议影响企业并购的成因、后果及影响机制；通过考察对赌协议制度这一"舶来品"能否帮助中国企业提升并购的资源整合效率、迈向真正的成功之路，为利益相关者客观、准确地评价对赌协议的价值和经济后果提供了重要的参考与借鉴。主要的研究贡献与创新体现在以下几方面。

第一，研究结果揭示了"物极必反"的唯物辩证规律存在于对赌协议中，为验证和评价对赌协议制度的实施效果提供了新的研究视角和经验证据。由于在并购交易中引入对赌协议的初衷是为了提升并购绩效，因此，现有研究主要从提高努力水平和企业绩效的角度来讨论对赌协议的激励效应和价值创造功能，但尚未揭示对赌目标的高低是否会影响上市公司的收购风险，也未验证高业绩承诺之后其业绩实现情况究竟如何。本书通过实证分析，揭示了过高的业绩承诺水平会提高并购溢价，但随后的业绩实现情况并不尽如人意，而且容易导致股价崩溃风险加剧。相关研究结果有助于投资者理性认识对赌协议，对监管方规范"高承诺、高估值、高溢价"并购、维护金融市场的稳定、推动资本市场健康发展具有借鉴作用。

第二，研究结果厘清了标的公司盈余管理的动因与后果。当前并购领域的研究视角主要集中于收购方，认为与收购方相关的市场、企业、交易者个人层面的因素才会对并购溢价起到决定性影响，而鲜少关注标的公司的主观能动性，忽视标的方可能会利用自身的信息优势，采取一些措施干扰收购方对自身价值的判断，从而获得更高的并购溢价，其中的一种手段就是盈余管理。标的公司盈余管理之所以一直未能得到足够的重视，可能是由于上市公司对赌并购中的标的公司往往是非上市公司，缺乏公开、系统的数据资料，不便对其展开大样本的实证研究，所以长久以来，标的公司的行为一直未能进入并购研究框架中。如果以借壳上市对赌并购交易为研究对象，则虽然可以解决数据来源的问题，但是样本量的严重不足会直接影响研究结果的可靠性。此外，在传统的并购交易中，标的公司若想获得较高的并购对价，其盈余管理方向是唯一的，那就是实施正向盈余管理，因为只有正向盈余管理能够帮助美化业绩、提升资产估值。但是，在对赌并购中，对赌协议赋予标的公司更广阔的盈余管理空间，因为盈余管理的方向不仅仅局限于正向，还可以是负向：负向盈余管理配合高承诺增长率可以隐藏标的公司的真实盈利能力，衬托出未来拥有较好的成长性，这种良好的成长性同样会吸引收购方为此付出较高的对价。由此可见，在对赌并购中，标的公司盈余管理具有更加重要的意义。针对这些问题，本书通过手工收集签订对赌协议的定增并购交易公告，获取标的公司并购前的详细财务数据，进而将标的公司并购前盈余管理纳入研究框架中，揭示标的公司盈余管理对并购交易的影响，为今后解释对赌并购的经济后果提供了新的分析视角。

第三，揭示了上市公司在股价高估的情况下对高承诺增长率具有强烈偏好。现有研究指出，股价高估会促使上市公司扩大投资规模，但除了并购金额外，上市公司倾向于选择何种类型的并购标的尚未十分清楚。既然资本市场已经出现了大量"高承诺、高估值、高溢价"并购后业绩变脸、商誉减值、股价崩溃的案例，为何仍有诸多上市公司前赴后继、乐此不疲呢？本书的实证结果对这一点进行了解释，指出股价高估的收购方将会倾向于选择高承诺增长率的标的公司，而收购方管理层的委托代理问题进一步加剧了高承诺并购后的业绩变脸问题。这些研究结果对上市公司谨慎选择并购标的、避免受股价高估所驱使盲目从事高风险投资具有一定的启示，对监管方完善对赌协议制度、规范对赌履约过程的监管具有一定的借鉴作用。

总的来说，本书通过大量的数据收集工作，将标的公司盈余管理、股价高估、管理层委托代理等可能影响对赌协议及其经济后果的因素纳入研究框架，拓展了对赌协议影响企业并购的动因和后果的研究视角，刻画了"承诺增长率——并购溢价——股价崩溃风险""股价高估——承诺增长率——业绩实现"的影响机制，为丰富对赌协议领域的实证研究做出了贡献。

第 2 章 理论基础与文献综述

2.1 并购交易的驱动机制

2.1.1 市场时机视角下的估值套利动机

估值套利是收购方从事并购交易的重要驱动因素。相对于欧美国家，由于制度和市场的差异性，国内 A 股市场的并购对象绝大多数是非上市公司，交易双方的估值水平并不一致，于是上市公司往往会通过并购来获取估值套利。当公司或个人能够从并购中套利时，上市公司发起并购的动机就更加强烈（李善民等，2020）[7]。

并购的市场时机理论由 Shleifer & Vishny（2003）[8]首次提出，认为股票价格可能会偏离真实价值而产生错误定价，这些股价被高估的公司利用市场错误定价的机会实施并购交易，可以为股东创造价值。这一理论与传统并购动因理论的差异在于，传统并购更强调追求协同效应，而市场时机理论更强调错误定价带来的套利机会，即使并购交易本身的协同效应较低，但通过较低的成本获得标的公司股权也是一件有利可图的事情。王璐清等（2015）[9]验证了市场错误定价假说，发现股价被高估的上市公司更有可能发生并购活动，并利用公司层面的短期股价高估主动发起并购。

从公司层面而言，交易双方的估值水平差异越大，则并购的概率和规模就越大，且交易完成后一年内大股东减持、质押的比例显著更大（安郁强、陈选娟，2019）[10]。创业板上市公司在 IPO（首次公开募股）之前会进行显著的成长性管理，通过大量的并购来托住成长性，以便顺利完成公开发行，并且这些公司在 IPO 之后还会继续通过并购活动维持成长性（张丽敏等，2020）[11]。邓路、周宁（2015）[12]基于案例分析发现，借壳方更倾向于在自身价值被高估时发起反向并购。

从决策层面而言，上市公司的内部人受利益的裹挟，可能会主动迎合市场而实施并购交易。当公司股价被高估时，公司的真实业绩水平无法满足市场预期，但管理层顾忌股价对薪酬和职业生涯的影响，可能会为了迎合市场对公司的盈利预期而实施价值破坏型的并购交易，以求在短期维持股价（Jensen，2005）[13]。上市公司的董事和高管倾向于在股价低估时增加其持股比例，并在随后积极发起并购（李善民等，2020）[7]。大股东为了提高限售解禁的收益，将会通过股权转让、资产收购、资产剥离等资本运作提高股价，实现高位减持套现（张晓宇、徐龙炳，2017）[14]。相对于控股股东未质押股权的公司，控股股东股权质押的公司在控股股东质押股权后会更积极地开展并购活动，具体表现为并购倾向更强、并购规模更大、并购溢价更高，体现了有市值管理动机的控股股东主导公司实施并购、迎合市场对并购的显示性偏好，但遗憾的是投资者并不能识别控股股东利用并购活动进行市值管理的动机（廖珂等，2020）[15]。

尽管收购方试图利用市场时机做文章，以便在并购交易中获得有利地位，但是股价高估的收购方往往支付了更高的并购溢价，其市场公告反映显著更差（Dong et al，2006）[16]，并且，长期绩效也大大低于股价高估却没有进行收购的公司，因此管理层并不能通过股份支付使股东获益（Akbulut，2013）[17]。特别是，估值过高的收购方不仅支付了过高的并购对价，还无法带来协同效应，这种现象在公司治理问题严重的收购方中较为突出，获取高额薪酬（而非创造股东财富）更像是股价高估公司的管理层实施并购的主要动机（Fu et al，2013）[18]。在定增并购的情景中，股价高估会使得定增折价和并购溢价同时偏高，随后的市场绩效表现更差（刘娥平、关静怡，2018）[19]。

2.1.2 委托代理视角下的内部人掏空动机

大股东方面，发现大股东的操纵能力及操纵意愿、评估方法的选择、交易支付方式对大股东的资产评估操纵行为存在显著的影响，而评估机构声誉的影响并不显著（叶陈刚等，2018）[20]。高估值增值率与高增发折价率在定增并购中相伴而存，这加剧了上市公司向大股东进行利益输送的程度，而资产评估行业内部的声誉约束机制有利于抑制资产高估值从而减轻利益输送程度（翟进步，2018）[21]。上市公司大股东对上市公司的利益侵占行为已经转移到并购之后的日常生产经营活动中，其中关联交易就是一种重要方式，而且大股东对上市公司的掏空行为存在多期进行的特点（张丽丽，2018）[22]。

管理层方面，发现高管晋升激励能够显著提高并购支付决策的风险承担水平，导致高风险的现金支付大于更加谨慎的股权支付（陈浩、刘春林，2017）[23]，但基于政治晋升激励而发动的并购交易容易导致公司价值损毁（赵妍、赵立彬，2018）[24]。当高管上一期薪酬低于行业水平时，受到薪酬攀比心理的影响，更倾向于在本期实施大规模的并购交易（罗宏、秦际栋，2020）[25]。对高管实施股权激励能显著地促进并购交易的实施，且激励强度与并购绩效正相关（杜跃平、徐杰，2016[26]；潘爱玲等，2017[27]），其中赎买型股权激励的高管更倾向实施并购（陈效东、周嘉南，2016）[28]。授予高管期权激励将会显著提升企业发起并购的可能性和并购规模（王姝勋、董艳，2020）[29]。

2.2　并购溢价

2.2.1　并购溢价的成因

并购交易价格反映了收购方对标的资产未来收益的预期，实践中的并购交易价格往往超过标的公司净资产的账面价值，即存在并购溢价。在现有研究中，并购溢价的成因众多，主要可以概括为市场、企业和参与交易的个人三个层面。

市场层面主要以股价高估为代表。Dong et al（2006）[16]发现，股价高估的收购方更愿意支付较高的并购溢价。Fu et al（2013）[18]进一步指出，股价高估的收购方所支付的高并购溢价并未带来协同效应，这种现象在公司治理存在较大缺陷的公司中更为明显。尽管标的公司似乎根本不应该接受价值被高估的股份，但这确实是存在的。Shleifer & Vishny（2003）[8]将之解释为标的公司管理层存在机会主义行为。Rhodes-Kropf & Viswanathan（2004）[30]则将之归因于交易双方存在信息不对称问题，即标的公司虽然通过提高并购溢价对收购方所支付的股份进行了一定的价值调整，但这种调整仍然不到位。

企业层面主要以并购交易中的对价等特征为代表。de La Bruslerie（2013）[31]发现，交易对价中的现金比例越高，并购溢价就越高。但也有学者得到了相反的研究结果，发现在股份支付的情况下，并购溢价比现金支付时更高（谢纪刚、张秋生，2013）[32]。周菊、陈欣（2019）[33]的研究也表明，现金支付能够显著抑制并购溢价，并且，企业之间的相对规模削弱了支付方式对并购溢价的负向影响，但跨行业并购却不能。但即便同样是现金支付，如果现金是通过发行股份所得，由于发行股份面临较高的融资成本，这部分成本将转嫁至并购交易中，从而使得收购方愿意支付的并购溢价降低（Vladimirov，2015）[34]。此外，并购溢价还与企业声誉有关。企业声誉越高，企业为了维护自身声誉进行并购活动所支付的并购溢价就越高，无论以历史期望业绩、行业期望业绩还是资本市场期望业绩来度量企业期望业绩，实际业绩与期望差距越大，企业声誉对并购溢价的正向影响就越强（王雅茹、刘淑莲，2020）[35]。

交易者层面的研究主要包括委托代理视角下的大股东掏空或支持、高管过度自信，以及行为金融视角下的锚定效应等。

大股东方面，于江等（2014）[36]发现终极控制人对上市公司现金流权与控制权分离度越大，上市公司在非关联并购中支付的并购溢价就越高，而在关联并购中情况相反。侯剑平等（2015）[37]发现在关联方资产重组交易中，控股股东的持股比例越高，并购溢价就越高，说明控股股东可能通过关联方资产重组获取控制权私有收益。相反地，李彬等（2015）[38]的研究表明，并购溢价并非大股东利益输送的绝对证据。

高管方面，Hayward & Hambrick（1997）[39]指出，管理层过度自信使他们过度高估从并购交易中获得的收益，从而支付了过高的并购溢价，但这并未带来短期或长期的回报。唐蓓等（2015）[40]也发现，高管过度自信的企业所支付的并购溢价更高，并且，相比起国有企业，民营企业高管过度自信对并购溢价的影响更为显著。此外，管理层过度自信与并购溢价之间的正相关关系还会被债务容量所强化（潘爱玲等，2018）[41]。曾宪聚等（2020）[42]研究了高管从军经历对并购溢价的影响机制，发现由于从军烙印所形成的高度自信和高执行力等特征，高管更倾向于支付较高的并购溢价，而行业竞争程度作为重要的现实情境，会深刻影响并购决策情境与从军烙印形成时的初始环境之间的匹配程度，因此在高管从军经历与并购溢价之间发挥正向调节作用。但是，于洪鉴等（2019）[43]通过实验研究提出了相反的见解，他们发现收购方CEO自恋程度越高，其并购执行力越强、谈判议价能力越强，则收购方支付的并购溢价越低；与支付较高的并购溢价作为条件来换取并购成功相比，高度自恋的收购方 CEO 更倾向于以较低的投标价格展现自己的谈判能力和优越感，而非追求并购的成功；而被收购方 CEO 的自恋程度越高，其对并购进程的阻力越大、谈判议价能力越强，则可以为被收购方争取到更高的并购对价。

此外，并购溢价还与高管声誉、高管能力、高管薪酬有关。CEO 声誉可以有效降低企业并购溢价，这是由于高声誉的 CEO 能够提高内部控制质量进而降低并购溢价，高声誉的 CEO 还能降低企业计提商誉减值损失的概率（张莹、陈艳，2020）[44]。管理层能力对并购溢价具有显著的负向影响，这是由于管理层能力可以通过降低并购双方的信息不对称程度来抑制并购溢价，通过提高并购整合能力提升并购整合管理效率（张先治、杜春明，2020）[45]。不论垂直参照效应还是水平参照效应，当高管薪酬激励强度相较于参照基准的得益值低于自身期望时，均导致了较高的并购溢价（白智奇等，2021）[46]。高管薪酬外部公平性越低，则并购溢价越高，这是由于薪酬外部不公平诱发的高管心理感知降低了其工作积极性，并促使其利用高溢价并购寻求替代性补偿激励，这种问题在高管任期较长和声誉较低的企业更为明显（潘爱玲等，2021）[47]。

锚定效应方面，陈仕华、卢昌崇（2013）[48]发现，企业间高管联结对并购溢价决策行为存在影响，联结企业在之前并购中支付的溢价水平对目标企业之后进行并购的溢价水平有显著的正向影响。随后，陈仕华、李维安（2016）[49]进一步发现，并购溢价的决策不仅受到联结企业的影响（"外在锚"），还受到自己过去所做决策的影响（"内在锚"），两种锚定效应的作用效果取决于具体的决策情境。傅超等（2015）[50]发现，并购溢价决策还会受到行业领先者的影响。蓝发钦和国文婷（2020）[51]发现，标的公司股东的并购博弈存在显著的参照点效应，标的公司股东会把换股并购前一段时间收购方的股票最低收盘价作为其并购博弈的参照点，该参照点水平越低，并购溢价就越高。

2.2.2 并购溢价与标的方信息不对称

上述研究从市场、企业、交易者等不同维度，考察了影响并购溢价的因素，它们具有一个共同点，就是研究视角集中于收购方，并且倾向于认为收购方在并购交易定价中占据主导地位，默认标的公司会被动地"坐以待毙"，而忽略了标的公司可能在交易前通过策略性的盈余管理行为来误导投资者，主动争取定价主导权。并且，在现有研究中，对赌协议中约定的业绩水平往往被视为"外生"变量，不同水平的业绩承诺也往往被视作标的公司盈利能力的一种真实信号，默认了高盈利能力的公司才可能、愿意、敢于承诺高水平的业绩，而忽视了标的公司在签订对赌协议之前对自身盈利能力的伪装问题。因此，我们有必要进一步分析签订对赌协议前标的公司盈余管理可能造成的影响。

标的公司盈余管理对并购溢价是否具有影响，主要取决于盈余管理是否会影响公司估值，或者说，盈余管理行为是否会被投资者所识别。在这一点上，现有研究并未得到一致结论。

一方面，有研究表明公司的盈余管理行为无法瞒天过海。在 IPO 前盈余管理程度越高的公司，IPO 失败的概率越大（Alhadab et al, 2015[52]；黄俊、李挺，2016[53]）、股价越被低估（Nagata, 2013）[54]。资本市场具有价值发现和纠正偏差的功能，外部投资者能识别财务报表中的盈余管理信息（李艳、孙金帅，2013）[55]，通过"会计—税收差异"来识别盈余管理的方向，从而调低夸大业绩的公司的估值（龙月娥、叶康涛，2013）[56]。

另一方面，更多的研究表明，投资者并不总是能"看透"上市公司财务报表的真实性（王鸿、朱宏泉，2012）[57]，盈余管理会影响公司价值（Chaney & Lewis, 1995）[58]，误导外部投资者的判断和决策（任春艳，2012）[59]，并通过放大投资者与上市公司之间的信息不对称性，加剧股票错误定价（王生年、朱艳艳，2017[60]；应惟伟、袁肇祥，2015[61]）。具体地，在定向增发中，尽管公司夸大了发行前的业绩，但经验丰富的投资者并没有要求更高的定增折价（Chen et al, 2010）[62]；在换股收购中，收购方为了降低收购成本，会在交易前通过盈余管理提高股价，且盈余管理的程度与收购规模正相关（Erickson & Wang, 1999）[63]。此外，针对公司财务总监和金融分析师的调查数据显示，他们相信盈余管理可以提高投资者对公司的估值（de Jong et al, 2014）[64]。这些结论均印证了盈余管理不能被完全识破，并且还被管理层视为市值管理的有效手段，在理论上与盈余管理影响并购溢价的推测一致。

此外，从现有研究来看，降低并购交易双方信息不对称的因素有助于收购方准确估计标的公司的价值，从而提升并购绩效。例如，交易双方的董事联结关系有助于加强双方的沟通联络并提供咨询服务，使得并购绩效得以改善（晏国菀、谢光华，2017）[65]。而交易双方信息不对称是盈余管理赖以生存的土壤，意味着信息不对称程度越强，标的公司盈余管理的空间更大，更可能误导收购方对标的公司的估值，从而影响并购绩效。财务质量较低的标的公司容易诱使收购方支付更多溢价，但同时也增加了并购中途失败的可能性（赵璐、李昕，2018）[66]。标的公司信息透明度与并购溢价显著负相关，并且信息透明度低的标的公司没有因为宣告并购以及获得高溢价而被投资者重新认识（王天童、孙烨，2020）[67]。标的公司盈利质量对并购溢价存在正向影响，尤其是内外部治理情况较好、偏好高科技的标的公司，以及非机会主义动机、聘请中介机构或签订业绩承诺的收购方，标的公司盈利质量对溢价的影响更显著（蓝发钦、国文婷，2021）[68]。

2.2.3　并购溢价的经济后果

当收购方溢价并购标的公司后，会在财务报表中形成商誉资产，那么，商誉是否能如收购方所预期的那样提升并购绩效呢？对于这一问题，现有研究暂未得到一致的结论。尽管有文献指出，并购商誉对企业财务绩效具有显著的提升作用（吕忠宏、范思萌，2016）[69]，且在不同性质企业或者不同市场化程度下，并购商誉都具有价值相关性（赵西卜等，2016）[70]，然而，Freund et al（2003）[71]的研究显示，自由现金流量高的公司收购资产时会对股东财富造成负面冲击，其原因可能在于支付了过高的并购溢价。刘喜和、王洁远（2019）[72]的研究显示，高溢价并购未对上市公司产生积极的经济协同效应，并购溢价越高，则协同效应越弱，引发商誉减值的可能性越大、产生的负面效应越强、导致个股股票收益波动率越大、对所处行业股票收益率波动的传染效应越强。傅超等（2016）[73]发现，虽然并购商誉总体上能带来超额收益，但这种作用却并未表现在创业板上市公司中，有可能是由于创业板上市公司商誉会计信息质量存在问题，并且商誉的后续计提减值不充分。冯科、杨威

(2018)[74]揭示了商誉对财务绩效和市场绩效的促进作用实际上是倒"U"形关系，即过高的商誉反而会损害公司价值。过高的商誉还容易加剧股价崩溃风险，引起高管减持，因此，高溢价并购可能被高管利用于引发股价泡沫从而进行高位减持、财富转移（杨威等，2018）[75]。上市公司并购且确认商誉后的第二年会发生股价崩溃风险，商誉减值后的第一年也会引起股价崩溃风险，其原因在于高溢价并购形成的巨额商誉并不能提升公司的业绩以及反映超额收益的本质，而是成为上市公司重要股东进行伪市值管理、提升短期股价并借机减持的工具，并且，大股东、管理层、机构投资者持股、分析师关注会加剧并购商誉对股价崩溃风险的影响（邓鸣茂、梅春，2019）[76]。刘超等（2019）[77]则基于并购溢价和商誉非完全对等的逻辑，发现商誉、商誉减值和并购溢价均会对股价崩溃风险产生正向影响，但是高并购溢价不会加剧商誉对股价崩溃的促进作用。此外，收购方支付的并购溢价越高，收购方股东并购公告后的短时间内进行股权质押的可能性也越大，其原因在于，较高的并购溢价会提高并购公告后投资者的短期反应程度，表明并购溢价会对收购方股东股权质押的时机选择产生重要影响，其影响机理在于投资者过度反应（任力、何苏燕，2020）[78]。

2.3 并购绩效

并购绩效受众多因素影响，可以按照并购交易事前、事中、事后三个阶段进行梳理。

2.3.1 交易前的影响因素

在并购交易前，控股股东、管理层、董事会等并购决策者的特征及行为影响了并购决策从而影响并购绩效。其中，较多学者基于管理层的角度进行了讨论，发现营造帝国的动机（empire-building motive）驱使了管理层进行规模扩张，使得过去表现优秀的公司在并购后绩效下滑（Baker et al，2012）[79]，尤其是公司治理不善的企业执行并购后，标的公司的业绩更好，表明这些治理不善的收购方出价过高（Chang et al，2015）[80]。管理层私利与高管过度自信都会造成企业并购后绩效的下降，而财务独立董事可以抑制管理层私利和高管过度自信，进而改善企业并购绩效（何任等，2019）[81]。从标的公司角度来看，标的公司的管理层则会在公司收购过程中牺牲股东的价值换取个人利益，为了交易后能继续留任或者索取高额遣散费，倾向于降低并购价格（Qiu et al, 2014）[82]。

其他研究角度主要包括管理层权力、文化、社会关系等。管理层权力方面，发现高管权力对并购绩效具有负向影响，机构投资者可以抑制高管权力对并购绩效的负面影响，进而提升收购方的并购绩效，并且机构投资者的影响作用在异地并购中更显著（周绍妮等，2019）[83]。收购方高管权力对短期并购绩效没有显著影响，但对长期并购绩效有显著负向影响，当收购方信息披露质量较高时，高管权力对并购绩效的负向影响较小（王春林、刘淑莲，2019）[84]。管理层文化方面，发现收购方管理层与标的公司所在地的语言距离与并购绩效显著负相关，且主要是通过"文化效应"而非"交流效应"在发挥作用（李路等，2020）[85]。公司所在地的方言差异越大，并购公告的市场反应越好、并购的长期绩效越好（蔡宁，2019）[86]。管理层社会关系方面，发现并购绩效随着董事网络中心度的增强而提高，并且信息环境越差，企业因董事网络带来的信息优势对并购绩效的提升作用越明显，其原因在于，董事网络能够通过提供先验信息和信息交流这两种机制，降低并购过程中信息不对称的损害，从而对并购的绩效提升产生积极影响（江涛等，2019）[87]。高管团队内部网络结构密度越高，高管成员之间的沟通越有效，公司并购绩效越好（赵乐、王琨，2020）[88]。但社会关系并不总是带来美好的结果。收购方与标的公司 CEO 的校友关系会导致错误的并购决策和较低的股东回报，显著降低了并购公告的短期市场反应，提高了标的公司 CEO 留任的可能性和收购方 CEO 薪酬，与此同时，交易双方 CEO 的校友关系使企业之间更容易发生并购，但此类并购后的资产剥离概率更高、剥离效果更差（张洽、袁天荣，2020）[89]。

2.3.2 交易中的影响因素

在并购交易中，影响交易双方信息不对称的因素同样会影响并购绩效。相关研究主要从中介服务机构、交易双方关系的角度展开。

中介服务机构方面，发现声誉较好的顶级财务顾问会根据不同的客户目标，因事制宜地发挥其专业能力：为机会主义客户实施借壳上市、获得增发资格或保壳时，顶级财务顾问的作用主要体现在提高并购完成率上；为非机会主义客户服务时，顶级财务顾问的作用主要体现在提升并购绩效上（钟子英、邓可斌，2019）[90]。当财务顾问与收购方之间存在利益冲突时，聘请财务顾问将降低收购方的并购绩效，但得益于关系型财务顾问的"关系租金"和高声誉财务顾问的"声誉鉴证"功能，此类财务顾问与收购方的利益冲突有所缓解，可以发挥其专业服务功能，进而提升并购绩效（宋贺、段军山，2019）[91]。当券商受罚后，会在短期内对并购绩效产生负面影响，降低并购估值，延长并购审批完成时间，说明券商声誉价值主要来自券商能够获得政治资源，而非并购经验丰富或者对并购公司更熟悉（洪祥骏等，2020）[92]。除此之外，当并购交易缺少分析师跟进（Sudarsanam et al, 2002[93]；Gerritsen & Weitzel, 2017[94]）、没有聘用标的公司以往聘用过的顾问机构（Chang et al, 2016）[95]、审计机构在地域上与标的公司不匹配时（李彬、潘爱玲，2016）[96]，收购方难以准确估计标的公司的价值，导致支付了过高的并购溢价（Ismail, 2011）[97]，并最终使得并购绩效下降。

交易双方关系方面。 发现交易双方的董事联结关系可以加强交易双方的沟通联络并提供咨询服务，从而提升长期并购绩效（晏国菀、谢光华，2017）[65]。当收购方具有来自标的公司所在地的异地风投股东时，它们实施异地并购的绩效更好，其原因在于异地风投股东会利用信息优势和社会网络资源帮助收购方突破异地并购障碍，特别是当异地风投具有国有背景、经验更为丰富、持股比例较低、为独立风投时，风投股东的咨询功能作用更明显（李善民等，2019）[98]。当标的公司存在风投股东时，并购的短期和长期绩效显著更高，尤其是标的公司风投股东的网络中心度和并购经验对并购绩效具有显著促进作用，将会提高并购后标的公司创始人管理团队继续留任的概率，说明标的公司的风投股东会利用资源和专业能力参与并购过程，降低并购交易的搜索成本，提升协调效率，使并购更可能产生协同效应，从而提高并购绩效（黄福广等，2020）[99]。

2.3.3 交易后的影响因素

在并购交易后，对标的公司的监督管理会影响并购绩效，如并购方案公告后媒体报道越积极，并购绩效越好（李常青等，2016）[100]；而大股东为了便于开展掏空行为，会跨行业收购劣质企业，并且在取得控制权后变更公司的 CEO，从而与之合谋，使掏空行为得逞（赵国宇，2017）[101]。管理层能力对并购整合管理效率和并购绩效具有显著的正向影响，这是由于管理层能力通过提高并购整合能力提升并购整合管理效率，通过并购整合管理效率和并购协同效应的提升产生并购绩效，从而实现并购全过程的价值创造（张先治、杜春明，2020）[45]。

以上研究从并购交易事前、事中、事后三个阶段深入地探讨了影响并购绩效的各种因素，可以总结为：并购决策者的自利行为使得他们更容易执行价值破坏型并购；有助于降低交易双方信息不对称的因素，可以帮助收购方准确评估标的公司的价值，避免因支付过高溢价而降低并购绩效；在交易后对标的公司持续监督使之正常稳定经营，可以提高并购绩效。

2.4 对赌协议

2.4.1 对赌协议与信息不对称

Valuation adjustment mechanism（VAM）被翻译为"对赌协议"并一直沿用至今，也许是因为其足够形象具体且符合中国文化，实际上，其直译文"估值调整机制"更能体现这一制度的本质和初衷。在当今业界实践中，我国采用的估值调整机制是"赔偿制"，即标的公司售股股东（承诺方）向收购方做出承诺，约定标的公司在未来一定期限的业绩水平，如果该业绩水平在对赌期内无法兑现，则以现金或者股份的形式向收购方进行补偿；而在欧美国家广泛采用的则是"追加制"，即收购方视标的公司实际业绩情况，决定是否继续追加投资或支付后续并购对价，这种机制也被称为"或有支付计划"。显然，两种不同的交易制度所带来的经济后果差异较大，但初衷是一致的，因而在缓解信息不对称问题、帮助收购方规避风险等方面可能会起到殊途同归的作用。为此，本书参考了部分国外研究，但主要还是针对国内对赌协议的研究进行分析。

国外研究表明，对赌协议的运用通常随信息不对称程度的增加而增加（Ragozzino & Reuer，2009）[102]，尤其常见于小公司、跨行业以及跨国并购中（Datar et al，2001[103]；Mantecon，2009[104]），因为对赌协议可以缓解因卖方拥有关于资产价值的私人信息而给收购方带来不公平的问题（Choi，2017）[105]，所以，在不确定性较高而收购方又缺乏其他手段来减少信息不对称性的情况下，资本市场会非常认可此时签订的对赌协议（Lukas & Heimann，2014）[106]，即便收购方为对赌协议支付了高溢价，也不容易引起负面的市场反应（Barbopoulos et al，2016）[107]。由此来看，国外学者倾向于认同对赌协议在解决信息不对称问题方面的价值。

国内学者也得到了类似的结论，发现对赌协议在并购交易中的使用与信息不对称问题有关，但依据信息不对称代理变量的不同而得到了有差异的结论。一方面，沈华玉、吴晓晖（2018）[108]以标的公司是否有机构投资者、资产评估机构声誉作为信息不对称的代理变量，发现信息不对称会降低定向增发中业绩承诺条款的使用概率，但提高了业绩承诺实现的概率。另一方面，陈玉罡、刘彪（2018）[109]以交易规模、收购方业务所在区域、标的公司类型及行业属性来衡量信息不对称，发现当交易中存在较严重的信息不对称问题时，收购方更倾向于签订对赌协议；沈华玉等（2019）[110]以标的公司是否有官方网站或官方微博、官方微博发布信息的数量、标的公司业务复杂程度来衡量信息不对称，发现标的公司的信息不对称程度越高，并购中越可能签订业绩承诺协议，承诺的数额可能越高。

还有一些学者通过其他方式来考察对赌协议与信息不对称问题之间的关系。周菊、陈欣（2020）[111]发现行业风险系数会显著地抑制签订业绩补偿承诺的可能性，而溢价率和股票支付比例则会显著正向影响签订该承诺的意愿，表明并购交易双方的信息不对称程度越大，则签订对赌协议的可能性也越大。佟岩等（2021）[112]发现，经济政策不确定性越强，并购双方越倾向于不签订业绩承诺，进而导致并购的长期市场绩效降低。

2.4.2 对赌协议与并购交易价格

对赌协议会使得资产评估增值率和并购溢价明显抬高（翟进步等，2019）[113]，削弱现金支付和并购溢价的负向关系（周菊、陈欣，2019）[114]。业绩承诺价值越大，则并购溢价越高，这一关系在股份支付的情况下更明显，同时，业绩承诺价值越大，则定增折价越低，这一关系在非股份支付情况下更明显（刘娥平、李泽熙，2020）[115]。与单向业绩承诺相比，双向业绩承诺对标的资产溢价的作用更加明显，资产评估机构声誉能够弱化业绩承诺与标的资产溢价之间的关联关系（刘建勇、周晓晓，2021）[116]。

2.4.3 对赌协议的经济后果

从上述文献可以发现，引入对赌协议的初衷是为了解决信息不对称问题。那么，对赌协议真的解决了信息不对称问题，为收购方创造了价值吗？对于这个问题，主要存在两个基本流派："良药派"和"毒药派"。

"良药派"肯定了对赌协议的价值，认为在并购交易中引入业绩补偿承诺，可以显著提升并购的协同效应水平和收购方股东的收益，从而实现"双赢"（吕长江、韩慧博，2014）[1]。并且，业绩补偿承诺具有双重激励作用，既能激励收购方的投资行为，改善事前投资不足问题（李双燕、王彤，2018）[117]，又能对并购后标的公司的业绩具有激励效应，并且，激励效果与承诺增长率呈现倒"U"形的关系（潘爱玲等，2017）[2]。此外，对赌协议还可以缓解定增并购事件中大股东参与下级的利益输送问题（杜依倩、费一文，2017）[3]，提高上市公司定增并购后的市场绩效（沈华玉、林永坚，2018[4]；荣麟、朱启贵，2018[118]）。总的来说，对赌协议通过提高并购的超额收益和降低市场崩溃风险表现出了积极的经济后果（Song et al，2019）[119]。

进一步的研究表明，有超额业绩奖励的双向对赌比没有超额业绩奖励的单向对赌的激励效果更为显著（饶艳超等，2018）[120]，重复对赌比一次性对赌对投融资双方更有利，因为双方可以根据第一阶段的对赌结果来选择继续博弈或者调整条款，避免一次性对赌中业绩目标过高带来的问题（刘峰涛等，2017）[121]，在对赌协议中采用股份回购方案比现金补偿方案更能制约大股东对过高估值或过高盈利预测的非理性偏好，更有助于保护中小股东权益（高闯等，2010）[122]。与补利润、现金补偿的条款相比，补对价、股份补偿的条款更有助于提升上市公司的并购绩效（杨超等，2018）[123]。鉴于对赌协议的种种益处，实践中往往是在交易双方存在较严重的信息不对称问题时，收购方更倾向于签订对赌协议，并且当对赌支付方式是最优支付方式且收购方选择了该种方式时，对赌协议更有助于提高收购方的股东财富（陈玉罡、刘彪，2018）[109]。

然而，随着并购市场的火热，部分公司受过度自信或利益输送等动机驱使，盲目进行"高承诺、高估值、高溢价"的并购交易，使得对赌后遗症逐渐暴发，出现大面积的商誉减值、股价闪崩事件，"良药派"理论受到了挑战。假如对赌协议真的有助于提升并购绩效，为何进行了"三高"并购交易的公司反而容易出现商誉减值、股价闪崩？

基于这一考虑，"毒药派"质疑了对赌协议在并购中的价值，认为单向业绩对赌可能存在较大的弊端，主要表现在扭曲交易定价、妨碍交易公平、阻滞并购整合（赵立新、姚又文，2014）[5]、抑制创新支出（刘臻煊等，2020）[124]等方面，导致收购方未来的股价崩溃风险加重，且无论标的质量不确定性是高是低，业绩承诺都无法降低收购方未来的股价崩溃风险（李晶晶等，2020）[125]。部分标的公司在对赌期内的承诺业绩呈现爆发式增长，与自身产能、市场占有率等客观情况不符，甚至在严重亏损情形下仍然做出非常乐观的预计，这是部分公司业绩仅精准达标或者连续不达标的重要原因（张冀，2017）[126]。

具体来说，高增长率的业绩目标往往对业绩实现情况具有负面影响，并且对赌后期的业绩目标压力更大、业绩实现情况更差，那些出现对赌违约、进行盈余管理的并购交易还伴随着更高的股价崩溃风险（高翀、孔德松，2020）[127]。因此，业绩压力下的标的公司具有强烈的盈余管理动机。对赌协议会提高企业的盈余管理水平（张海晴等，2020）[128]，在承诺增长率较高、选择股份补偿方式时，并购后的盈余管理水平显著更高，特别是标的公司高管股权激励将会强化业绩承诺所诱发的盈余管理问题，标的公司所处行业的高竞争态势也会显著加强业绩承诺与并购后盈余管理的正相关关系（张国珍等，2020）[129]。签订对赌协议后的盈余管理倾向会导致审计工作时间和经验丰富的审计师的增加，尤其是双向对赌协议对审计工作时间的影响更为明显，意味着会计师事务所会考虑对赌协议所带来的审计风险（王仲兵等，2021）[130]。当并购交易出现对赌违约时，随后更容易被出具非标准审计意见，即使修改业绩承诺后业绩兑现的难度有所降低，但也不会影响非标准审计意见的出具，并且注册会计师对盈余管理的业绩承诺也不会调整审计意见类型（高翀、石昕，2021）[131]。

  从内部人行为的角度来看，虽然标的公司年均承诺净利润越高，则收购方的高管更不倾向于减持、减持比例越小，但是，当以定增折价、资产评估机构声誉和标的公司年龄衡量收购方与标的公司之间的信息不对称问题时，发现仅在信息不对称问题较为缓和的情况下，承诺净利润才能对高管减持起到削弱的作用（关静怡、刘娥平，2020）[132]；与此同时，对赌协议在短期内也未能有效抑制大股东的利益输送行为，即使从长期来看，业绩承诺的激励和约束效应可以在一定程度上抑制大股东的利益输送行为，但仍存在大股东进行高额派现和转增以备失诺补偿、通过盈余管理实现精准达标逃避业绩补偿两类行为，更有甚者，在对赌结束后，大股东还可能利用信息优势通过精准减持和股权质押来实现利益输送（孔宁宁等，2020）[133]。在公告业绩承诺信息后，大投资者（交易金额大于100万元的订单的投资者）将会显著降低其持仓，投资收益显著为正，而小投资者（交易金额小于4万元的订单的投资者）则会更多地买入，其投资收益为负且遭受了较大损失，表明财富效应在大小投资者之间转移明显，这种财富转移效应在业绩承诺违约、自愿性业绩承诺的并购重组中差异更大，意味着业绩承诺以保护机制为名行信息优势之实，而信息透明度较高、对投资者利益保护较好的公司，这种财富转移效应差异程度会得到较好的抑制，大投资者的信息优势和知情交易行为将会有所收敛（窦超、翟进步，2020）[134]。

  若将时间维度延长至对赌结束之后，还将发现收购方以ROA和Tobinq为指标的财务绩效在对赌结束后出现下滑，且并购标的业绩不达标的上市公司比并购标的业绩达标的上市公司经营业绩更差（饶茜、侯席培，2017）[135]。沈红波等（2020）[136]的研究也印证了这一点，发现业绩承诺到期后，公司绩效会出现明显恶化，但机构投资者持股能够缓和业绩承诺到期前后的绩效波动,并且机构投资者还会在企业绩效下滑的负面消息释放前进行减持,这些都意味着,业绩承诺到期前后企业绩效波动是企业利润操纵的结果,而这一问题能被机构投资者持股有效抑制。张海晴等(2020)[137]基于商誉减值的视角,发现相对于不存在业绩补偿承诺和业绩补偿承诺未到期的公司,存在业绩补偿承诺的公司在承诺到期后首年的商誉减值金额更大、商誉减值比例更高,说明并购交易中的业绩承诺使企业高估商誉可收回金额,而在对赌结束后又对商誉计提大量减值准备,幸而这一问题能被分析师跟踪和高质量的审计有效治理。

标的公司过度承诺的原因在于,希望靠不切实际的高业绩承诺来提高公司估值,得到更高的并购溢价,而上市公司为了刺激股价或者实施利益输送,在未充分评估标的公司未来收益与风险的前提下,也乐于接受高业绩承诺(高榴、袁诗淼,2017)[138]。当高业绩承诺无法实现时,利用突击收购拼凑业绩或者开展盈余管理活动成为部分标的公司临时抱佛脚的不二法门(张冀,2017[126];刘浩等,2011[139])。如果这些办法仍然无济于事,标的公司将变成上市公司的不良资产,拖累上市公司的业绩(王竞达、范庆泉,2017)[140],加剧商誉减值风险(邓茜丹,2020)[141]。在这种情况下,对赌违约后的补偿机制有可能被上市公司借以实施利润操纵,例如,在预计续亏而可能被实施退市风险警示(*ST)的情况下,上市公司可能会对业绩违约的标的公司计提大额商誉减值从而实现"大洗澡",次年则把收到的业绩承诺补偿款确认为损益以帮助其"脱帽"(王建伟、钱金晶,2018)[6]。由此来看,对赌协议对并购的整合效率和价值创造作用更可能是倒"U"形的,即适度的业绩承诺水平才能真正发挥价值(李秉祥等,2019[142];简冠群等,2019[143])。

2.4.4 对赌并购的风险防范

从研究对赌协议经济后果方面的文献来看,尽管对赌协议可以在一定程度上缓解信息不对称问题,并发挥激励作用,但潜藏的风险也不容忽视,亟须寻找化解对赌并购风险的防范措施与解决方案,因此,相关研究从并购交易特征、中介机构、内部人等角度展开讨论。

并购交易特征方面，发现若采用股份补偿、非累计补偿、减值测试补偿以及双向业绩对赌，可以对并购业绩实现产生积极作用（高翀、孔德松，2020）[127]。与单一现金支付方式相比，包含股份形式的两种支付方式更能实现业绩承诺；标的公司原股东担任收购方董监高参与公司治理，有利于实现业绩承诺（余玉苗、冉月，2020）[144]。

中介机构方面，发现选聘目标企业所在地的独立财务顾问能更有效地缓解业绩承诺不可靠问题，而高声誉的独立财务顾问则没有呈现出更大的优势，表明上市公司在选聘独立财务顾问时，更注重地域特征，而非高声誉的独立财务顾问（窦炜等，2019）[145]。高声誉会计师事务所参与的并购重组交易，其业绩补偿承诺随后实现的程度更高，这是因为在高声誉会计师事务所参与的并购重组交易中，标的公司给出的承诺利润更低，因而其在承诺期内实现的净利润更可能高于承诺的利润数（刘向强、李沁洋，2019）[146]。共有审计师会减少业绩承诺的使用概率，从而增强业绩承诺的可靠性，其原因在于，共有审计师在信息不对称程度高的场景中可以降低信息不对称，并强化支付方式、业绩承诺契约安排对承诺可靠性的促进效应。除此之外，共有审计师还可以降低并购前交易双方的财务信息错报风险，抑制并购当年新增商誉带来的后续商誉减值，在收购方正式制度功能不足时发挥更强的业绩承诺可靠性促进效应（武恒光等，2020）[147]。此外，分析师关注可以抑制业绩补偿承诺对企业真实盈余管理活动的影响（张海晴等，2020）[128]。

内部人方面，发现管理者认知能力越强业绩实现情况越好，业绩补偿方式在管理者认知能力与业绩实现情况之间发挥中介作用，且股权激励可正向调节业绩补偿方式与业绩实现情况之间的关系（于迪等，2019）[148]。虽然大股东相对控制力对业绩承诺具有负向影响，但绝对控制力对业绩承诺具有正向影响，业绩承诺在大股东控制力与公司价值创造之间具有部分中介作用（简冠群，2020）[149]。在控股股东股权质押期（或者控股股东股权质押比例较高时），上市公司签订并购业绩承诺的可能性更大，签订的业绩承诺金额更高、承诺期更长，并且控股股东股权质押期间签订业绩承诺后，会在业绩承诺期通过正向盈余管理努力实现业绩承诺，以避免股价下跌，但是控股股东质押期利用业绩承诺进行市值管理未能实现"价值创造"目标（徐莉萍等，2021）[150]。

总的来说，现有研究认为，对赌协议，在信息不对称环境下更有效,通过签订对赌协议既能减少信息不对称的影响,又可以发挥激励作用。但如果标的方过度承诺、收购方盲目轻信,反而达不到效果,并且容易导致业绩变脸、盈余管理等不良后果。

2.5 股价崩溃

股价崩溃的根本原因在于坏消息突然爆发,导致股价短时间出现大幅下跌。从现有研究来看,股价崩溃风险的成因可以概括为三个环节、四个层面:第一个环节是信息生成,具体包括两个层面,即管理层的理性行为——委托代理问题,以及管理层的非理性行为——过度自信问题,如果这两类问题阻碍了管理层对坏消息的披露,将会引发股价崩溃风险。第二个环节是信息传播,即某些因素(如信息不对称)使得外部投资者无法观测到企业的真实情况而形成股价误判,当企业的真实情况被投资者所知悉,公司股价就会暴跌。第三个环节是信息使用,即投资者信息能力的提高有助于降低投资者的意见分歧,从而降低股价崩溃风险。

2.5.1 信息生成环节的股价崩溃成因

从委托代理问题的角度来看,管理层出于对自身利益的追求,在信息披露管理上具有"报喜不报忧"的倾向(Core et al, 2003[151]; Ball, 2009[152]),会刻意隐瞒坏消息(Jin & Myers, 2006[153]; Kothari et al, 2009[154]),一旦坏消息超过了公司对负面信息的承载能力而无法再隐藏,就会突然爆发出来,从而导致股价的暴跌。不论是基于会计报表信息构建的应计盈余管理指标、基于市场交易信息构建的股价同步性波动指标,还是基于交易所评价的信息披露考评指标,都显著支持公司信息越不透明则未来股价崩溃风险越高的研究假设(江婕等, 2021[155])。与此同时,隐藏负面消息的对立面——夸大正面消息同样会导致股价崩溃(赵璨等, 2020[156])。

管理层为了便于追求个人利益所实施的种种行为都可能会加剧股价崩溃的风险。如避税(Kim et al, 2011[157])、短期内提高期权价值(Kim et al, 2011[158])、增加在职消费(Xu et al, 2014[159])、破坏内部控制的有效性（Chen et al，2015）[160]、降低公司治理水平（Andreou et al，2016）[161]等。在行业锦标赛激励下，CEO会通过操控公司盈余和降低年报可读性的方式来隐藏坏消息，加剧股价崩溃风险（邓鸣茂等，2020）[162]。

更为严重的是，管理层还会在会计信息上大做文章，惯常的手法是实施盈余平滑（Chen et al，2017[163]；杨棉之、张涛，2018[164]），降低会计信息的透明度（Kim & Zhang，2014）[165]和财务报表的可比性（Kim et al，2016）[166]，使得流向报表使用者的有效信息减少而产生信息披露不对称（Kousenidis et al，2014）[167]，从而加剧股价崩溃风险。内部控制缺陷会加剧其股价崩溃风险（宫义飞，2020）[168]。管理层权力越大，公司未来发生股价崩溃的风险越高（吴先聪、管巍，2020）[169]。

关于如何防范高管自利行为所导致的股价崩溃风险，相关研究主要从监督和信息披露两方面展开。有效的内部控制和更多的分析师跟踪能够抑制管理层权力强度对公司股价崩溃风险的正向作用（郑珊珊，2019）[170]。当董事会能够对高管实施有效监督时，公司对高管薪酬结构进行调整将有助于提升激励效应，促进高管与股东的"利益趋同"，缓解代理问题，抑制公司股价崩溃风险（周蕾等，2020）[171]。非执行董事能够约束管理层的负面消息管理行为，预防公司股价崩溃风险（胡珺等，2020）[172]。纵向兼任高管在"监督效应"和"更少掏空效应"的共同作用下降低了股价崩溃风险，并且当纵向兼任高管权力越大时，即纵向兼任董事长时，对公司未来股价崩溃风险的降低作用越明显（曾晓、韩金红，2020）[173]。在信息披露方面，披露关键审计事项（史永、李思昊，2020）[174]、披露其他综合收益（田昆儒、田雪丰，2019）[175]、有效信息盈余平滑（钟宇翔、李婉丽，2019）[176]、电话会议（曹廷求、张光利，2020）[177]等能显著降低上市公司的股价崩溃风险。

从管理层过度自信的角度来看，过度自信的管理层容易高估投资项目的回报，并将负净现值（$NPV<0$）的项目误认为是价值创造，还倾向于对已观察到的负面信息和负面反馈予以忽视或者找理由开脱，其结果是负净现值的项目长时间地运作，使得不良业绩日渐累积，最终导致股价崩溃（Kim et al，2016）[178]。随着管理层权力增大，过度自信加剧股价崩溃风险的问题会变得更加严重（曾爱民等，2017）[179]。当公司

的业绩预告存在乐观偏差时将会加剧股价崩溃风险,而高质量的内部控制能够缓解业绩预告乐观偏差加剧的股价崩溃风险(宫义飞等,2020)[180]。实施高溢价并购的上市公司股价崩溃的风险显著更高(杨威等,2018)[75]。吴定玉、詹霓(2020)[181]的研究进一步表明,管理者过度自信通过提高商誉从而加剧了股价崩溃风险。

2.5.2 信息传播环节的股价崩溃成因

如果信息传播的环节出现问题,将会误导投资者的判断,加剧股价崩溃风险。

现有研究表明,投资者情绪及其波动性的增加会显著加剧股价崩溃风险(李昊洋等,2017)[182],特别是在网络舆情出现危机时,上市公司的股价崩溃风险较高(田高良等,2018)[183],而当上市公司投资者关系管理的信息职能和组织职能良好时,股价崩溃风险较小(权小锋等,2016)[184]。

从信息不对称的角度来看,如果某种因素有助于降低信息不对称,则应当有助于降低股价崩溃风险。基于交易所年报问询函的研究表明,预防性监管可以在问题尚未实质性恶化之前对公司潜在的信息披露违规问题发挥整改作用,既有助于避免公司发生实质性的信息披露违规问题,也可以对投资者起到警示,从而降低股价崩溃风险(张俊生等,2018)[185]。分析师跟踪可以发挥积极的外部监督和信息中介作用,帮助降低股价崩溃风险(肖土盛等,2017)[186]。而且,尽管低质量的盈余信息会加剧股价崩溃风险,分析师跟踪作为有效的外部监督力量,可以削弱盈余质量与股价崩溃风险之间的负相关关系(杨棉之、刘洋,2016)[187]。上市公司调研报告的负面语气能够显著降低未来的股价崩溃风险,说明调研报告有助于投资者获取和挖掘与公司相关的负面信息,抑制管理层隐藏负面信息的动机(黄清华、刘岚溪,2019)[188]。

但是,也有研究得出相反的结论,指出分析师覆盖会加剧股价崩溃风险(Xu et al, 2013)[189],这可能是由于分析师具有乐观性偏差。基金公司所开展的实地调研不但没有挖掘到调研对象的负面信息,反而还形成了乐观误判(董永琦、宋光辉,2018)[190]。较高的分析师推荐评级加剧了企业股价崩溃风险,当企业实际完成绩效与分析师预测绩效之间的落差越大,分析师推荐评级对股价崩溃风险的正向作用越强(张丹妮、刘春林,2020)[191]。同时,分析师跟踪会强化现金流风险与股价崩溃之间的正向关系,意味着分析师并没有起到缓解信息不对称的作用(裴平等,2021)[192]。但也有学者基于信息生成环节的管理者机会主义行为视角,将之解释为,分析师的关注加大了管理者达到短期盈余目标的压力,促使其进行向上盈余管理信息操纵行为,从而加剧了股价崩溃风险(韩艳锦等,2021)[193]。

基于互联网社交媒体影响投资者情绪传染的研究表明,投资者乐观的发帖情绪会在股吧中传播扩散,导致股价崩溃风险升高,说明社交媒体有可能会助长非理性情绪的蔓延(孙鲲鹏、肖星,2018)[194]。在股吧分歧较小时,即股吧评论一致看好或看跌,股价崩溃风险都会提高,且分析师跟踪人数和研报数量在这一过程中发挥中介作用(关静怡等,2020)[195]。朱孟楠等(2020)[196]构建了中小投资者在东方财富股吧论坛的信息交互网络,发现网络中心度越高,处于网络中心位置的上市公司的股价崩溃风险越低,因为中小投资者具有网络舆论监督效应,当上市公司处于网络舆论的"聚光灯"下,管理层将难以掩盖负面信息,有助于缓解信息不对称问题,减少风险累积的可能性。基于微博的研究表明,微博的影响机制包括信息效应和情绪效应,信息效应表现为自媒体信息披露通过加速信息的扩散和传播,降低信息不对称而降低股价崩溃风险,而情绪效应则表现为自媒体信息披露通过平抑、引导投资者情绪而降低股价崩溃风险(黄宏斌等,2019)[197]。孟庆斌等(2019)[198]针对"互动易"问答平台上企业与投资者沟通的内容,研究发现投资者提问的负面语气能够显著降低公司的股价崩溃风险,而投资者正面语气、董秘回复的负面语气则与股价崩溃风险不相关。

2.5.3 信息使用环节的股价崩溃成因

除了以上两个环节之外,如果信息的使用方法不当,同样容易加剧股价崩溃风险。丁慧等(2018)[199]研究了投资者信息能力影响崩溃风险的效果和传导机制,发现在社交媒体条件下,投资者信息能力的提高将降低投资者意见分歧，从而显著降低股价崩溃风险，说明信息能力是影响股价崩溃风险的因素。

在众多交易者中，机构投资者是非常重要的角色，但关于机构投资者究竟是加剧了还是缓解了上市公司的股价崩溃风险问题，尚存在较大的分歧。张肖飞（2018）[200]发现，股票错误定价是股价崩溃风险的重要成因，机构投资者有助于削弱股票错误定价对股价崩溃风险的影响，说明机构投资者在防范股价崩溃风险问题上具有积极的作用。郭白滢、李瑾（2019）[201]发现，机构投资者信息共享降低了股价崩溃风险，市场定价效率的提升是其中重要的作用路径，随着机构投资期限的延长，信息共享降低股价崩溃风险的作用还会继续增强。尹海员、朱旭（2019）[202]发现，机构投资者的信息能力差异可以促使其采取不同投资策略和差异化投资行为，避免羊群效应，从而降低上市公司的股价崩溃风险。

但是，更多的研究表明，机构投资者是股价崩溃的"加速器"，这在信息不对称问题严重的公司中尤为显著（何乔等，2017）[203]。究其原因，孔东民、王江元（2016）[204]认为，知情交易的对立使得机构投资者之间存在信息竞争，由此而产生差异化的交易行为，最终加剧了股价崩溃风险。机构投资者还会主动通过管理媒体报道来引导市场热点，并通过短期炒作获取超额收益，但是这些股票的价格在未来大幅下跌的可能性更高（逯东等，2016）[205]。进一步的研究表明，机构投资者持股与股价崩溃风险之间存在市场效率和市场化程度的门限效应：当市场效率、上市公司所在地区的市场化程度处在高水平时，机构投资者持股会降低股价崩溃风险；而当市场效率、市场化程度处在低水平时，机构投资者持股会加剧股价崩溃风险（董纪昌等，2020）[206]。

2.6 评述

通过回顾现有研究，可以得出以下三个方面的结论。

第一，对赌协议所约定的业绩承诺水平并非是孤立、静态的决策过程。为了得到较高的估值，标的公司售股股东有强烈动机对财务报表进行修饰；在股价高估的市场机制下，上市公司有扩大投资规模的强烈动机。但遗憾的是，这两个问题在现有研究中尚未得到充分的关注。一方面，现有研究大多立足于收购方的视角来考虑并购交易价格的形成机制，忽视了标的公司售股股东通过盈余管理影响并购价格的主观能动性。实际上，由于信息不对称问题，标的公司售股股东既有意愿又有能力实施盈余管理。尤其是在对赌并购的情景中，这种盈余管理不只是正向地提高既往业绩，还有可能为了提高业绩承诺水平而提前"大洗澡"。更为重要的是，目前对赌业绩不达标问题已经大规模爆发，部分案例中业绩变脸速度之快、力度之大已引发资本市场对并购前标的公司会计信息质量的深深忧虑。另一方面，股价高估意味着市场看好公司的前景，向管理层传递积极的信号，容易使管理层过度自信，确信自己可以在并购中获得成功，而忽视潜在的风险与阻力，对标的公司盈利能力存在不切实际的过高期待，疏于对并购项目真实盈利能力的考察。因此，为了进一步厘清对赌协议的经济后果，还需要从标的公司盈余管理、收购方股价高估两个角度进一步展开研究。当中尤其值得关注的问题是：盈余管理是否成为标的公司售股股东获取高溢价、侵占上市公司利益的工具？股价高估是否强化了收购方的非理性并购行为，加剧了并购风险？

第二，并购绩效风险领域已经积累了非常丰富的研究成果，对赌协议所带来的利弊也得到了初步的验证，但仍然存在一些研究空间。虽然并购绩效的影响因素研究非常广泛，但鲜有研究以业绩承诺与业绩实现之间的关系为切入点，直接讨论对赌协议在企业并购中的绩效影响。随着近年来对赌违约的情况越来越频繁，有必要进一步关注签订对赌协议以及承诺方后续履约过程中的影响路径与内在机理。

第三，虽然股价崩溃风险的成因已经得到了较为充分的探讨，然而具体在对赌并购情景中，哪些因素将影响收购方的股价崩溃风险尚未得到较为全面的揭示。尽管现有研究揭示了高溢价并购可能会加剧股价崩溃风险，但这些研究并未回溯并购溢价的成因，而是将各种原因所导致的并购溢价等同视之。实际上，对赌协议作为帮助收购方选择质地优良的并购标的、缓解交易双方信息不对称问题的重要手段，其内在的期权属性本身就值得收购方额外付费，因此，为对赌协议所支付的并购溢价显然与为利益输送所支付的并购溢价具有本质上的差异，有必要进一步探讨对赌情境下的并购溢价与股价崩溃风险，并追溯至并购溢价的成因。

有鉴于此，笔者认为以下三个问题亟待解决：①对赌协议影响并购溢价的作用机制；②对赌协议影响股价崩溃风险的作用机制；③对赌协议影响业绩承诺实现的作用机制。本书将通过三个实证研究章节对这些问题进行逐一探讨，尝试从理论层面和实证层面进行回应，以期得到增量的、差异化的研究结果，尝试打开对赌协议经济后果的"黑箱"。为了确认这些研究问题不仅具有重要的学术价值，还具有重要的实践意义，首先通过下一章来对制度背景与市场现状进行回顾。

第3章 制度背景与市场现状

3.1 制度背景

3.1.1 并购重组

并购重组是国家调整经济结构、企业发展壮大的重要方式。随着并购市场的不断发展,并购重组的相关政策法规也在与时俱进地不断完善和健全,以适应经济发展的需要。表3-1梳理了对A股上市公司具有重要影响的政策法规,可以看出,在不同的经济发展阶段,与之相应的政策监管存在不同的侧重点,对企业并购重组形成引导和规范作用。2010年《国务院关于促进企业兼并重组的意见》的发布,为企业兼并重组扫除了制度障碍。2013年发布的《关于推进重点行业企业兼并重组的指导意见》,提出推进企业并购重组的重点行业。进入2014年,为了推动我国经济结构调整、打造发展新引擎、增强发展新动力、走创新驱动发展道路,鼓励企业并购的相关政策法规密集出台,着重简化审批程序、强化事中事后监管、提高并购重组效率。2015年,开始出现政策收紧迹象,主要强化对并购重组的信息披露要求。2016年,监管政策进一步收紧,被称为"史上最严重组办法"出台,包括拓宽借壳上市界定标准、取消重组上市的募集配套融资、延长股份锁定期等。在随后的两年里,监管政策仍不见松动,使得此期间的并购重组市场急剧降温。2019年,政策逐渐回暖,允许高新技术产业和战略性新兴产业重组上市,恢复重组上市配套融资,简化信息披露要求。

表3-1 并购重组相关政策发展历程

发布时间	政策法规	主要内容解读
2010-08-28	国务院关于促进企业兼并重组的意见	消除企业兼并重组的制度障碍,加强对企业兼并重组的引导和政策扶持,改进对兼并重组的管理和服务

续表

发布时间	政策法规	主要内容解读
2013-01-22	关于推进重点行业企业兼并重组的指导意见	以汽车、钢铁、水泥、船舶、电解铝、稀土、电子信息、医药等行业为重点，推进企业兼并重组
2014-03-24	关于进一步优化企业兼并重组市场环境的意见	取消下放部分审批事项、简化审批程序，改善金融服务，落实和完善财税政策，推动并购重组活动进行，完善土地管理和职工安置政策，加强产业政策引导
2014-10-23	上市公司收购管理办法（2014年修订）	简化审批环节、放松行政管制、加强事中事后监管、提高并购重组效率
2014-10-23	上市公司重大资产重组管理办法（2014年修订）	取消除借壳上市以外的重大资产重组行政审批；明确分道制审核；进一步完善借壳上市的认定标准，不允许在创业板借壳上市；取消盈利预测报告的强制性规定；取消向非关联第三方发行股份购买资产的发行规模的下限；调整了上市公司发行股份购买资产的定价机制；向控制人或借壳交易中新实际控制人发行，认股对象需承诺稳定股价措施；明确换股吸收合并的股份定价及发行规则依据；强化事中事后监管，督促证券服务机构尽职尽责；加强投资者权益保护
2014-12-15	关于落实非许可类并购重组事项信息披露相关工作的通知	对已取消行政许可的并购重组事项实行事后审核，细化信息披露要求
2015-01-08	关于并购重组反馈意见信息披露相关事项的通知	强调并购重组反馈意见信息披露的时效性要求
2015-01-08	上市公司重大资产重组信息披露及停复牌业务指引	要求及时、完整、全面披露并购重组活动信息
2015-08-31	关于鼓励上市公司兼并重组、现金分红及回购股份的通知	鼓励上市公司兼并重组支付工具和融资方式创新；鼓励国有控股上市公司依托资本市场加强资源整合

续表

发布时间	政策法规	主要内容解读
2015-12-04	关于上市不满三年进行重大资产重组（构成借壳）信息披露要求的相关问题与解答	上市不满三年进行借壳重组的企业，应说明历次募集资金使用情况、上市后的承诺履行情况、上市后的规范运作情况和上市后的持续经营及公司治理情况等事项
2016-09-08	上市公司重大资产重组管理办法（2016年修订）	拓宽借壳上市界定标准；明确首次累计原则的累计期限；明确"上市公司控制权"的认定标准；增加对上市公司及原控股股东的合规性要求；取消重组上市的募集配套融资；延长股份锁定期；增加对规避重组上市的追责条款
2019-05-10	深圳证券交易所上市公司信息披露指引第3号——重大资产重组	完善重组信息披露监管要求；明确终止筹划重组的审议程序和披露要求；强化重组实施的持续监管；优化重组"冷淡期"安排；优化相关说明会机制
2019-10-18	上市公司重大资产重组管理办法（2019年修订）	简化重组上市认定标准；累计首次原则的计算期缩短至36个月；允许符合国家战略的高新技术产业和战略性新兴产业相关资产在创业板重组上市；恢复重组上市配套融资；丰富重大资产重组业绩补偿协议和承诺监管措施，加大问责力度
2019-12-20	上市公司重大资产重组信息披露业务指引	较大幅度地简化信息披露要求，关注重组业绩承诺和重组整合实效，引导上市公司通过并购重组提升质量
2020-03-20	上市公司重大资产重组管理办法（2020年修订）	不再区分公开与非公开发行；增加并单独列出信息披露要求中上市公司控股股东、实际控制人的责任

续表

发布时间	政策法规	主要内容解读
2020-03-20	上市公司收购管理办法（2020年修订）	明确要约收购豁免行政许可取消后的监管安排；增加持股5%以上股东的持股变动达到1%时的信息披露要求；明确超比例增持的股份在一定期限内不得行使表决权；延长上市公司收购中收购人所持股份的锁定期
2020-06-12	深圳证券交易所创业板上市公司重大资产重组审核规则	明确重组标准与条件、重组信息披露要求、重组审核内容与方式、重组审核程序、持续督导和自律管理等内容

资料来源：中国政府网站、中国证监会网站。

3.1.2 对赌协议

2008年，《上市公司重大资产重组管理办法》首次明确提出须签订盈利预测补偿协议（即对赌协议）的情形。在随后的实践中，发现一刀切式的强制业绩承诺政策容易扭曲市场交易价格机制的运行。为了继续提高产业整合的效率，2014年监管部门适当放松了强制业绩承诺的规定，允许向非关联第三方发行股份购买资产的重组方案不设置对赌条款。然而，收益法估值配合业绩承诺的做法已经在资本市场中形成了惯性，部分非关联的标的公司需要依靠对赌协议向收购方和资本市场发出高盈利能力的信号，从而获得高并购价格，目前，对赌协议仍然被广泛地运用在上市公司的并购交易中。

为进一步规范对赌并购交易，证监会陆续出台了《上市公司监管法律法规常见问题与解答汇编》《关于并购重组业绩补偿相关问题与解答》等，对实践中如何运用对赌协议提出了更为明确的要求，规范了股份补偿的数量和期限，指出了并非只有标的公司被上市公司控股股东、实际控制人及其控制的关联人所控制（控股）的情况下才强制签订对赌协议，设定了超额业绩奖励的上限，并限制了重组方借业绩承诺变更逃避补偿责任。

随后,交易所要求重大资产重组中需要针对业绩承诺进行风险提示,并明确业绩承诺的披露内容。《上市公司重大资产重组管理办法(2019年修订)》进一步强化重大资产重组业绩承诺的监管措施,视业绩承诺的违约程度以及超期未履行补偿协议的情况采取不同的手段。在上海证券交易所科创板或深圳证券交易所创业板上市的企业实施重大资产重组并签订业绩补偿协议时,独立财务顾问需要持续督导。

相关情况如表3-2所示。

表3-2 对赌协议的相关政策法规

发布时间	政策法规	核心内容解读
2008-04-16	上市公司重大资产重组管理办法	首次提出强制要求签订盈利预测补偿协议 ……采取收益现值法、假设开发法等基于未来收益预期的估值方法对拟购买资产进行评估并作为定价参考依据的,……交易对方应当与上市公司就相关资产实际盈利数不足利润预测数的情况签订明确可行的补偿协议
2014-10-23	上市公司重大资产重组管理办法(2014年修订)	取消向非关联第三方发行股份购买资产的盈利预测补偿的强制要求 ……上市公司向控股股东、实际控制人或者其控制的关联人之外的特定对象购买资产且未导致控制权发生变更的……自主协商是否采取业绩补偿和每股收益填补措施及相关具体安排
2015-09-18	上市公司监管法律法规常见问题与解答汇编	进一步解读《上市公司重大资产重组管理办法》第三十五条,明确股份补偿的数量和期限
2016-01-15	关于并购重组业绩补偿相关问题与解答	明确了业绩补偿的具体适用问题 无论标的资产是否为其所有或控制,也无论其参与此次交易是否基于过桥等暂时性安排,上市公司的控股股东、实际控制人或者其控制的关联人均应以其获得的股份和现金进行业绩补偿。……

续表

发布时间	政策法规	核心内容解读
2016-01-15	关于并购重组业绩奖励有关问题与解答	设定了业绩奖励的限制 ……奖励总额不应超过其超额业绩部分的100%，且不超过其交易作价的20%。……
2016-06-17	关于上市公司业绩补偿承诺的相关问题与解答	限制业绩承诺变更 ……重组方应当严格按照业绩补偿协议履行承诺。重组方不得……变更其做出的业绩补偿承诺。……
2016-07-01	上市公司重组上市媒体说明会指引	要求上市公司在重组上市媒体说明会说明业绩承诺的有关内容 ……标的资产实际控制人应当说明标的资产的行业状况、生产经营情况、未来发展规划、业绩承诺、业绩补偿承诺的可行性及保障措施等。……
2019-05-10	深圳证券交易所上市公司信息披露指引第3号——重大资产重组	针对业绩承诺与补偿安排，以及业绩补偿无法实现的风险进行"重大事项提示"或"重大风险提示"；明确业绩承诺的披露内容 ……补偿协议应当包含以下内容：业绩承诺方、补偿方式、补偿的数量和金额、触发补偿的条件、补偿的执行程序、补偿的时间期限、补偿的保障措施、争议解决方式等。…… 董事会和独立财务顾问……论证分析业绩承诺的可实现性，及业绩补偿机制的合规性、可操作性，包括补偿时间安排、股份解限安排、股份是否可以质押、补偿股份的表决权和股利分配权等，并说明业绩补偿协议是否合法合规，是否明确可行；业绩补偿保障措施是否完备，是否存在补偿不足的风险等

续表

发布时间	政策法规	核心内容解读
2019-10-18	上市公司重大资产重组管理办法（2019年修订）	丰富重大资产重组业绩承诺的监管措施 ……所购买资产实现的利润未达到资产评估报告或者估值报告预测金额的80%，或者实际运营情况与重大资产重组报告书中管理层讨论与分析部分存在较大差距的……向投资者公开道歉；实现利润未达到预测金额50%的……采取监管谈话、出具警示函、责令定期报告等监管措施。 交易对方超期未履行或者违反业绩补偿协议、承诺的……采取监管谈话、出具警示函、责令公开说明、认定为不适当人选等监管措施……
2019-11-29	上海证券交易所科创板上市公司重大资产重组审核规则	明确科创板上市公司重大资产重组业绩承诺的监管措施 ……独立财务顾问应当在业绩补偿期间内，持续关注业绩承诺方的资金、所持科创公司股份的质押等履约能力保障情况，督促其及时、足额履行业绩补偿承诺。 相关方丧失履行业绩补偿承诺的能力或者履行业绩补偿承诺存在重大不确定性的，独立财务顾问应当督促科创公司及时披露风险情况…… 相关方未履行业绩补偿承诺或者履行业绩补偿承诺数额不足的，独立财务顾问……10个交易日内，制订并披露追偿计划……

注：楷体字是相关法规中的内容；除表中与对赌协议直接相关的规定以外，并购重组监管制度、公开承诺监管制度、信息披露监管制度等普适性制度同样适用于对赌并购的监管。

3.2 市场现状

3.2.1 并购交易规模

A股市场正处于高速发展阶段,在供给侧改革背景下,并购重组成为助力上市公司产业整合、升级转型的重要渠道。在2014年以前,A股并购市场虽然处于稳步上升阶段,但一直增长缓慢、不温不火。根据同花顺iFinD数据统计,2010年A股市场并购重组交易金额约为3731亿元,至2014年增至6637亿元,无论交易笔数还是交易金额都没有较大幅度的变化。直到2015年,"大众创新、万众创业"的浪潮涌现,资本市场改革红利不断释放,在并购重组政策刺激之下,并购市场迎来了爆发式增长,2015年并购交易金额一跃增至1.38万亿元,同比增长率高达108%。在随后的两年里,并购市场更加活跃,2017年,并购重组交易笔数和金额达到巅峰。然而,2018年随着并购市场过热,"高估值、高承诺、高溢价"并购的后遗症开始出现,监管政策趋于收紧,叠加经济下行压力、中美贸易摩擦、股市持续动荡等因素,导致并购市场交易规模开始出现回落,并在2019年跌至近5年的低点,为1.37万亿元。2020年新冠疫情暴发后,为了支持实体经济渡过难关,并购重组监管政策有所回暖,并购交易金额也开始小幅回升。以上A股并购交易规模变化情况如图3-1所示。

从图3-2中2010—2020年A股并购交易的行业分布情况来看,这段时间境内房地产的并购交易金额最高,其次是交通运输、化工、公用事业、医药生物和传媒等。若从交易笔数来看,则计算机行业位居榜首,其次是传媒、机械设备、医药生物、化工、房地产。同时可以发现,计算机、传媒行业的并购交易特点是单笔金额相对较低,但交易数量较多,而房地产行业的交易特点则反之,交易数量较少,但单笔金额相对较高。

从图3-3、图3-4关于2010—2020年并购交易方式和交易目的的统计可以看出,A股上市公司主要采用协议收购、竞拍、增资、增发收购这四种方式进行并购交易。实施并购交易的目的绝大多数是横向整合,此外,还有多元化、纵向整合、业务转型和战略合作等。以整体上

第3章 制度背景与市场现状　45

图 3-1　2010—2020 年 A 股并购交易规模统计

数据来源：iFinD 并购库（仅统计境内并购）。

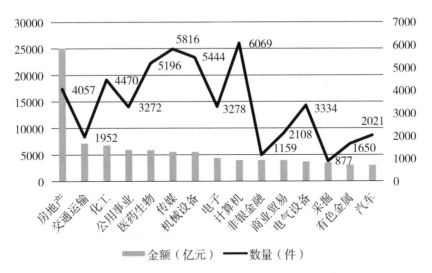

图 3-2　2010—2020 年 A 股并购交易行业分布

数据来源：iFinD 并购库（仅统计境内并购金额排名前 15 的行业）。

市和借壳上市为目的的并购交易数量极少，并且此类交易非常特殊，往往受到更为严格的监管。

回顾并购市场的这段发展历程可以发现，虽然 2015—2017 年并购市场高度活跃，但频繁出现"高估值、高承诺、高溢价"的"三高"

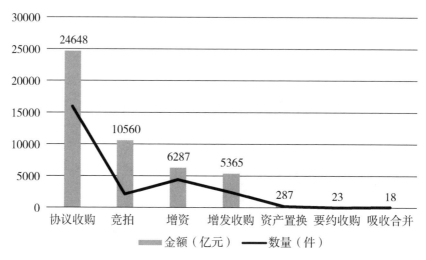

图 3-3 2010—2020 年 A 股并购交易方式统计

数据来源：iFinD 并购库（仅统计境内并购，且不含"其他"方式）。

注：同一事件可能存在多种并购方式。

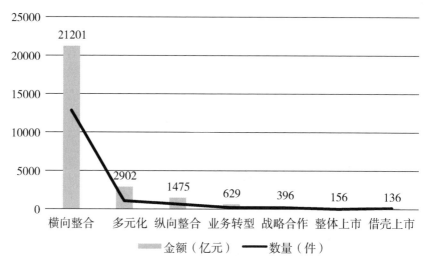

图 3-4 2010—2020 年 A 股并购交易目的统计

数据来源：iFinD 并购库（仅统计境内并购，且不含"其他"目的）。

并购、蹭热点炒作股价、忽悠式重组、盲目跨界、内幕交易、滥用停复牌、规避重组上市等异常并购重组行为，导致并购市场一度陷入混乱，给广大投资者带来惨重的利益损失。对并购重组的潜在风险追根溯源，多数学者认为可以从信息不对称的角度来解释风险产生的原因。"信息隐藏理论"（Jin & Myers，2006）[153]指出，在信息不对称的客观条件下，职业经理人存在实施隐藏公司内部负面信息的短期行为的动机，当负面信息积累到集中释放时，可能导致股价暴跌甚至崩溃等一系列严重经济后果。具体而言，交易双方之间、上市公司与投资者之间，均可能存在严重的信息不对称问题：交易双方之间信息不对称有很大部分原因是标的公司大多为非上市公司，收购方获取标的公司的信息较为困难，对标的公司的实际经营状况与盈利能力难以全面了解，这很可能加剧收购方未来股价的大幅波动，甚至导致股价崩溃。而上市公司与投资者之间的信息不对称也可能导致并购重组，以致沦为上市公司不当套利的工具，从而难以发挥资源配置作用，使投资者利益受损。

表3-3进一步统计了A股并购失败与成功的交易情况分布，可以发现，自2012年以来，A股上市公司并购交易的失败比例在逐年上升，2012年失败交易数量占整体交易数量的比例（失败率）仅为5%，2018年失败率已攀升至12%。通过区分两类交易所采用的评估方法、是否属于关联并购交易，可以发现在失败交易中，采用收益法评估、属于关联并购交易的占比明显更高，这两个问题也许与并购失败存在一定的内在联系。A股市场并购交易成败变化趋势如图3-5所示。

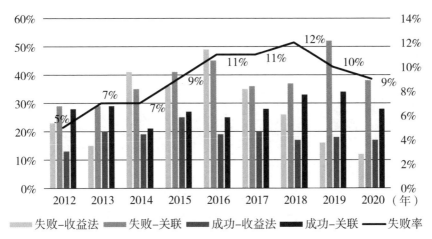

图3-5　2012—2020年A股市场并购交易成败变化趋势

数据来源：同表3-3。

表3-3 2012—2020年A股市场并购交易失败与成功情况分布

年度	整体（件）	失败（%）	失败交易评估方法		失败交易是否关联		成功（%）	成功交易评估方法		成功交易是否关联	
			收益法占比（%）	其他占比（%）	关联占比（%）	非关联占比（%）		收益法占比（%）	其他占比（%）	关联占比（%）	非关联占比（%）
2012	1478	5	23	78	29	69	95	13	87	28	72
2013	1527	7	15	85	29	71	93	20	80	29	71
2014	2154	7	41	59	35	65	93	19	81	21	79
2015	2232	9	36	64	41	59	91	25	75	27	73
2016	2386	11	49	51	45	54	89	19	81	25	74
2017	2160	11	35	65	36	64	89	20	80	28	71
2018	2216	12	26	74	37	62	88	17	83	33	66
2019	1686	10	16	84	52	47	90	18	82	34	65
2020	886	9	12	88	38	61	91	17	83	28	69
总计	16725	9	31	69	39	60	91	19	81	28	71

数据来源：iFinD。

注：表中仅统计已披露评估方法的交易事件，但由于是否关联交易存在个别数据缺失，导致关联+非关联占比可能会略低于100%。

在上述并购交易失败的案例中，研究上市公司并购重组被否的原因，可以归纳为以下三方面。

第一，申请材料内容披露不及时、不充分。一些上市公司提交的并购重组申请材料中存在内容披露不及时、不充分的情况，导致审核被否，其中未充分披露的具体内容主要包括：标的公司经营发展战略和业务管理模式、标的公司财务信息、标的公司盈利预测可实现性及评估参数预测合理性、业绩补充方案与保障业绩承诺的措施、标的公司独立性问题、上市公司与标的公司之间合同履行情况、上市公司和标的公司实际控制结构及法人治理结构、募投项目可行性、整合后的上市公司治理架构安排以及公司持续经营的风险等。

第二，交易双方存在问题。具体理由主要包括：标的公司客户依赖性过高、应收账款占比过高、持续经营能力存在不确定性、标的资产存在合规性问题，内控制度与上市公司的规范要求差距较大；标的公司权属证书办理存在法律障碍、权属未决诉讼的结果存在不确定性、标的公司核心知识产权涉诉；交易完成后形成上市公司关联方资金占用；重组完成后，上市公司与控股股东之间将会存在同业竞争问题，申请人不能提供解决同业竞争的具体措施和时间安排；重组构成借壳上市；交易对方违反公开承诺；等等。

第三，标的资产估值。具体理由主要包括：股权转让价格与交易价格存在巨大差异且缺乏合理解释；交易标的公司未来盈利预测依据不充分，持续盈利能力、预测收益实现不确定性较大；资产基础法评估结果与资产收益能力不匹配，定价显失公允；评估报告存在较大瑕疵；等等。

3.2.2 商誉与商誉减值

图3-6回顾了2010—2019年A股商誉水平变化情况，在2010年至2014年期间，A股市场的商誉总额随着并购交易规模的变化而稳步增长，991亿元增至3334亿元。随着2015年并购市场繁荣发展，商誉迅速扩张至6507亿元，至2018年达到峰值1.31万亿元。在这一过程中，商誉占净资产的比例也在持续攀升，从2010年的2%暴增至2017年的峰值15%，随后才开始出现小幅下滑。从行业层面来看，采掘、家用电器、非银金融、传媒、休闲服务、汽车6个行业的商誉均值增长较

图 3-6 2010—2019 年 A 股商誉

数据来源：iFinD。

注：数据单位为亿元。

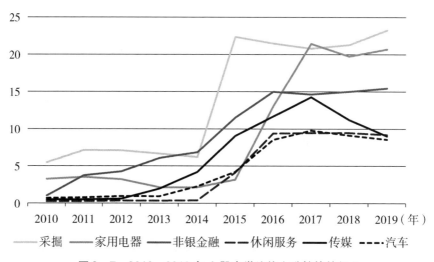

图 3-7 2010—2019 年 A 股商誉均值上升较快的行业

数据来源：iFinD。

注：按照申万一级进行行业分类；本章后续其他图表的行业分类同；数据单位为亿元。

快（图 3-7），而商誉总额增长较快的行业分别为传媒、生物医药、计算机、非银金融、电子、汽车（图 3-8），其中，传媒行业的商誉均值、商誉总额都是增长较快的，值得引起警惕。随着商誉总额和商誉占比的快速攀升，潜藏了较高的商誉减值风险，将会对企业价值产生深远影响。

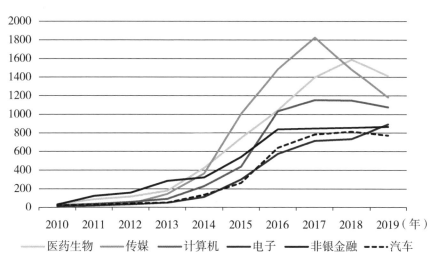

图3-8　2010—2019年A股商誉总额上升较快的行业

数据来源：iFinD。

注：数据单位为亿元。

图3-9描述了2010—2019年A股商誉减值情况，可以发现，在2014年及以前，商誉减值总额、商誉减值均值和商誉减值公司数量虽然整体呈现上升趋势，但相对较为稳定。2010年共56家上市公司计提了13亿元商誉减值损失，人均减值约2310万元。2014年共155家上市公司计提了41亿元商誉减值损失，人均减值2630万元。但是，在2015年形势发生了转折，上述指标开始加速增长，2018年甚至出现爆发性增长，当年有886家上市公司计提商誉减值，商誉减值总额为1624亿元，人均减值1.83亿元，计提超过10亿元商誉减值的公司有45家，减值金额最高的是天神娱乐（002354.SZ），为40.59亿元。2019年的减值情况也不遑多让，共计845家上市公司计提了1578亿元商誉减值，人均减值1.86亿元，计提超过10亿元商誉减值的公司有36家，减值金额最高的是众泰汽车（000980.SZ），为61.2亿元。从行业商誉减值情况来看，传媒、医药、计算机、电子、机械设备、电气设备行业的商誉减值总额上升较快（图3-10）。

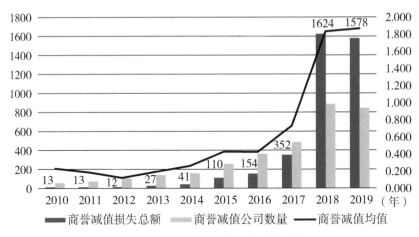

图 3-9　2010—2019 年 A 股商誉减值

数据来源：iFinD。

注：数据单位为亿元。

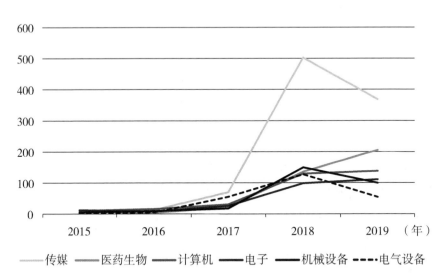

图 3-10　2010—2019 年 A 股商誉减值总额上升较快的行业

数据来源：iFinD。

注：数据单位为亿元。

3.2.3 并购溢价

通过对2012—2020年A股市场的并购溢价进行统计，如表3-4所示，并购溢价整体呈现先升后降的趋势，由2012年的2.011上升至2015年的高峰值5.086，随后几年虽然有所回落，但始终高于2012年的水平。这可能是由于2014年"大众创业、万众创新"的经济形势催生了A股市场高涨的并购重组热情，上市公司的纷纷尝试通过产业整合乃至跨界并购实现转型升级。但是，一方面，市场热情高涨的背后，一些借高估值之名行利益输送之实的乱象悄然抬头，导致商誉高悬、商誉减值计提不规范、业绩补偿难兑现等棘手问题，引起了监管方重拳出击，从严审查高估值交易方案。另一方面，随着"再融资新政""史上最严重组新规"的出台，2016年以后上市公司融资环境明显收紧，为并购交易募集配套资金更加困难，也使得并购溢价的空间进一步收缩。

表3-4 2012—2020年A股市场整体并购溢价统计

Panel A 并购溢价分年度统计						
年度	整体		收益法		其他	
	观测值	平均值	观测值	平均值	观测值	平均值
2012	153	2.011	33	2.262	120	1.942
2013	455	2.749	160	4.222	295	1.949
2014	977	3.884	414	5.016	563	3.052
2015	1253	5.086	607	7.754	646	2.579
2016	1134	4.421	477	6.663	657	2.793
2017	1012	3.815	412	5.543	600	2.629
2018	881	3.159	305	4.786	576	2.297
2019	776	2.361	260	3.012	516	2.033
2020	720	2.539	233	4.311	487	1.691
总计	7361	3.674	2901	5.599	4460	2.422

续表

行业	整体		收益法		其他	
	观测值	平均值	观测值	平均值	观测值	平均值
传媒	486	8.732	277	12.041	209	4.347
休闲服务	99	5.792	37	10.604	62	2.920
计算机	482	5.621	282	7.415	200	3.092
轻工制造	172	5.473	76	8.330	96	3.212
通信	187	4.527	115	5.770	72	2.543
房地产	484	4.460	84	7.310	400	3.861
综合	126	4.135	37	6.486	89	3.157
家用电器	116	4.021	49	4.463	67	3.699
医药生物	630	3.901	313	5.479	317	2.343
建筑材料	154	2.485	46	4.273	108	1.723
国防军工	127	2.362	46	3.415	81	1.765
化工	545	2.359	219	3.268	326	1.749
有色金属	252	2.349	70	2.695	182	2.216
交通运输	256	1.924	66	2.872	190	1.594
非银金融	127	1.834	29	1.940	98	1.803
农林牧渔	174	1.560	46	2.832	128	1.102
采掘	126	1.429	24	1.588	102	1.391
钢铁	70	0.866	13	0.900	57	0.858

数据来源：同花顺 iFinD。

注：观测值的单位为个，平均值的单位为倍；并购溢价 = 并购交易金额/标的资产账面价值 −1。表中的数据已剔除交易失败、标的资产账面价值为负的观测值；对行业平均并购溢价进行排序后，列出最高及最低的 9 个行业（已剔除不足 10 个观测值的银行业）。

按行业进行分类统计，可以发现高溢价并购交易主要集中于传媒、计算机、通信、医药生物等轻资产或高科技行业，而钢铁、采掘、有色金属、化工、国防军工等重资产行业的并购溢价相对较低。

按照并购交易中的资产估值方法进行分类后，发现采用其他估值方法（主要包括资产基础法和市场法）的平均并购溢价约为2.422，而采用收益法估值后平均并购溢价为5.599，这些收益法估值的并购交易主要集中于传媒、计算机、通信、生物医药等行业中，使这些行业表现出高溢价并购的特征。结合2015年、2016年并购溢价迅速抬升的情况，可能是由于这两年传媒、计算机等行业的并购事件高发，同时，这些行业又广泛地运用了收益法进行估值，从而在这两年表现出并购溢价的峰值。如图3-11所示。

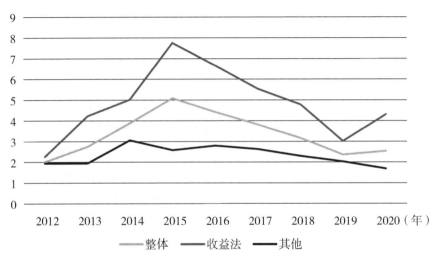

图3-11 2012—2020年A股市场并购溢价的变化趋势

注：数据单位为倍。

3.2.4 业绩承诺

根据并购交易公告的年度对2012—2020年A股上市公司对赌并购事件中的业绩承诺数据进行统计，如表3-5（Panel A）所示，可以发现随着时间的推移，对赌协议的运用越来越广泛，2012年仅52件，2017年上升至423件，随后几年逐渐回落至2020年的164件。结合图3-12，剔除对赌并购数量较少的2012年，发现承诺增长率和承诺净利润年均金额的变化趋势可以分为两个阶段，第一阶段是2013—2016年，此阶段的特点是承诺增长率稳步增长，并且承诺金额相对较高；第二阶段是 2017—2020 年，此阶段的特点是承诺增长率仍然维持较高水平，但是承诺金额明显下降。出现这一变化的原因可能在于，第一阶段的并购市场热火朝天，收购方对标的公司的未来业绩有着不切实际的过高预期，所以约定的业绩目标金额和增长率都较高。但是，随着 2017 年大量对赌违约、商誉减值、股价爆雷的事件出现后，监管方加强了对高估值重组方案的审查和问询，将部分高承诺却缺乏业绩基础和客观条件的忽悠式重组拦住，抑制了并购市场过热，从而使上市公司在对赌并购中更为务实，同时也推动了对赌并购业绩目标和估值水平整体下行。2020 年，承诺金额进一步下降，可能是由于注册制便于优质企业直接上市，于是一些对未来发展前景有着良好预期的优质企业退出了并购市场，导致优质标的千金难求，还留在并购市场的标的公司所做出的承诺水平自然相对之前而有所下降。

如表 3-5（Panel B）所示，业绩承诺按行业进行统计后，发现对赌并购主要集中于机械设备、化工、医药生物、计算机、电子、电气设备、传媒等行业，而建筑建材、国防军工、采掘等重资产行业则相对较少发生对赌并购交易。从承诺增长率来看，较高的是电子、通信、有色金属等，较低的是交通运输、食品饮料、国防军工等。从承诺金额来看，较高的是商业贸易、纺织服装、采掘、房地产，较低的是计算机、通信、电子、医药生物行业。结合图 3-13 可以发现，医药生物、计算机、电子、通信行业虽然承诺金额较低，但承诺增长率较高，可能是由于这些行业对未来的发展普遍持乐观态度。

表 3-5　2012—2020 年 A 股市场业绩承诺统计

Panel A 业绩承诺分年度统计							
年度	观测值	承诺增长率	承诺年均金额	年度	观测值	承诺增长率	承诺年均金额
2012	52	0.299	13890	2017	423	0.325	12132
2013	131	0.241	16796	2018	392	0.298	11761
2014	252	0.307	11893	2019	275	0.287	12615
2015	400	0.295	15217	2020	164	0.378	9971
2016	395	0.281	13634	总计	2484	0.301	12978

续表

Panel B 业绩承诺分行业统计							
行业	观测值	承诺增长率	承诺年均金额	行业	观测值	承诺增长率	承诺年均金额
机械设备	264	0.307	13095	农林牧渔	52	0.376	9512
化工	214	0.306	14720	纺织服装	52	0.255	21297
医药生物	211	0.238	9190	信息服务	44	0.268	7859
计算机	204	0.294	6941	建筑材料	42	0.290	14938
电子	181	0.369	8719	交通运输	39	0.180	17042
电气设备	151	0.320	12559	家用电器	38	0.302	10422
传媒	134	0.303	13961	采掘	33	0.444	21988
轻工制造	115	0.292	11256	国防军工	29	0.217	14231
通信	97	0.354	7521	食品饮料	28	0.207	13954
建筑装饰	82	0.227	12222	休闲服务	27	0.419	12564
汽车	78	0.263	16247	信息设备	21	0.349	17070
有色金属	69	0.386	18497	建筑建材	9	0.190	16734
公用事业	67	0.315	17508	非银金融	8	0.463	25256
商业贸易	64	0.295	25808	交运设备	6	0.272	11730
房地产	64	0.293	20607	钢铁	6	0.122	34895
综合	54	0.271	13197	金融服务	1	0.032	9677

数据来源：同花顺 iFinD。

注：为减少极端值的影响，表中数据经过上下 1% 分位 Winsor 处理；承诺年均金额的单位为万元。

图 3-12　2012—2020 年 A 股市场业绩承诺时间变化趋势

注：承诺金额的单位为万元。

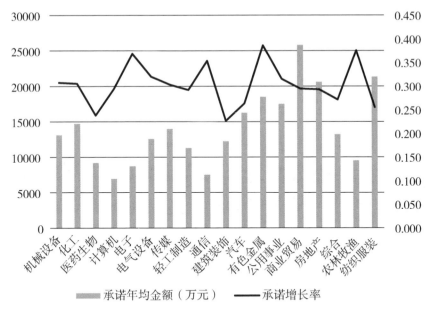

图 3-13 2012—2020 年 A 股市场业绩承诺行业分布情况

注：承诺金额的单位为万元。

3.2.5 业绩实现

对 2012 年以来 A 股上市公司披露的标的公司业绩实现情况按业绩所属自然年度进行统计，如表 3-6（Panel A）所示，发现对赌并购的履约情况日渐萧条，业绩实现比例的均值从 2012 年的 11.1% 下降至 2017 年的 -6.8%。在此过程中，对赌业绩精准达标次数、对赌违约次数和平均违约缺口金额呈现上升趋势，对赌精准达标次数从 67 次上升至最高 362 次（2015 年），对赌违约次数从 17 次上升至最高 332 次（2015 年），平均违约缺口金额从 5279 万元上升至最高 1.169 亿元（2017 年）。随着对赌并购监管趋严，这一现象在 2018 年以后出现了明显的改善，业绩实现比例开始出现回升，精准达标次数、对赌违约次数和违约缺口均有所下降。业绩实现分自然年度的变化趋势如图 3-14 所示。

业绩实现按照对赌年度进行统计后，如表 3-6（Panel B）所示，发现业绩实现比例的均值逐年下降，违约次数占比则逐年上升，而对赌前期相对较高的实现比例也伴随着较高的精准达标比例。显然，对赌前

表3-6 2012—2019年A股市场业绩实现情况（按时间统计）

Panel A 业绩实现分自然年度统计								
年度	观测值	业绩承诺	业绩实现	实现比例	精准达标次数	精准达标占比	违约次数	违约占比	违约缺口
2012	162	14215	15670	0.111	67	0.414	17	0.105	-5279
2013	441	17986	20133	0.071	159	0.361	88	0.200	-5939
2014	801	14506	15729	0.038	309	0.386	174	0.217	-5076
2015	1219	16119	15646	-0.004	362	0.297	332	0.272	-8669
2016	1024	14610	13380	-0.024	305	0.298	326	0.318	-11249
2017	843	16332	15036	-0.068	217	0.257	274	0.325	-11691
2018	502	11825	12450	0.000	122	0.243	132	0.263	-4859
2019	153	16215	21979	0.156	44	0.288	16	0.105	-1011
总计	5145	15286	15370	0.003	1585	0.308	1359	0.264	-8758
Panel B 业绩实现分对赌年度统计								
年度	观测值	业绩承诺	业绩实现	实现比例	精准达标次数	精准达标占比	违约次数	违约占比	违约缺口
1	1874	14527	15713	0.060	687	0.367	276	0.147	-8664
2	1630	14368	15343	0.027	492	0.302	413	0.253	-5632
3	1321	17249	15461	-0.072	334	0.253	518	0.392	-10513
4	277	17118	13906	-0.108	63	0.227	126	0.455	-12339
5	38	11219	9312	-0.286	9	0.237	21	0.553	-6007
6	4	11436	-1658	-0.772	0	0.000	4	1.000	-13093
7	1	4970	-538	-1.108	0	0.000	1	1.000	-5508

数据来源：iFinD。

注：Panle A的年度是指并购交易公告的年度，Panel B的年度是指对赌期间的第几年；实现比例=业绩实现/业绩承诺-1；精准达标是指业绩实现比例在0~0.05之间；违约缺口=业绩实现-业绩承诺，只针对违约的观测值进行统计；表中金额的单位为万元，次数的单位为次。

期的问题主要在于精准达标，而对赌后期的问题主要在于对赌违约，尤其是约定了4年对赌期的并购交易，第4年的平均违约缺口高达1.234亿元。业绩实现情况分对赌年度的变化趋势如图3-15所示，随着业绩承诺金额逐渐增长，业绩实现的难度越来越大，当中潜藏的巨额商誉减值风险和股价崩溃风险令人心惊。

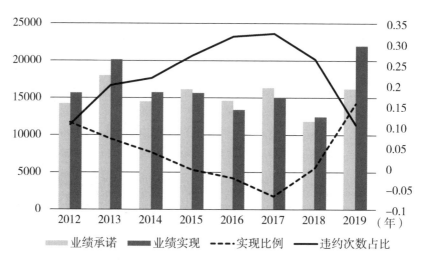

图 3-14　2012—2019 年 A 股业绩实现变化趋势（分自然年度）

注：图中金额的单位为万元，次数的单位为次。

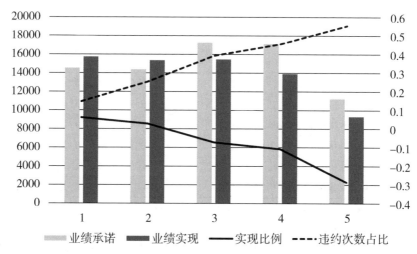

图 3-15　2012—2019 年 A 股业绩实现变化趋势（分对赌年度）

注：图中金额的单位为万元，次数的单位为次。

业绩实现分行业进行统计后，如表 3-7 所示，发现对赌并购交易较多的计算机、化工、轻工制造等行业的业绩实现情况基本合格，但机械设备、电子、医药生物、电气设备、传媒、通信等行业的业绩实现情况不如人意。整体业绩实现情况较好的是公用事业、纺织服装、有色金属、商业贸易，但这些行业较为传统、饱和，整体估值水平并不高；业绩实现情况较差的是农林牧渔、汽车、通信、传媒。从对赌违约来看，违约次数占比较高的是农林牧渔、医药生物、电子、汽车、电气设备、通信，违约缺口金额较高的是房地产、商业贸易、汽车、公用事业。其中，值得警惕的是汽车行业，该行业违约次数多、违约缺口大，风险较大。

表3-7 2012—2019年A股市场业绩实现情况（按行业统计）

行业	观测值	业绩承诺	业绩实现	实现比例	精准达标次数	精准达标占比	违约次数	违约占比	违约缺口
机械设备	585	15097	14681	-0.018	170	0.291	170	0.291	-10440
计算机	478	9031	9156	0.042	184	0.385	95	0.199	-3983
化工	445	16552	18192	0.089	127	0.285	98	0.220	-5301
电子	409	9111	6347	-0.040	102	0.249	136	0.333	-12271
医药生物	338	12937	12485	-0.044	98	0.290	112	0.331	-4651
电气设备	301	13628	13397	-0.036	69	0.229	99	0.329	-6971
传媒	265	11642	10809	-0.053	92	0.347	78	0.294	-6573
轻工制造	211	13093	13670	0.011	67	0.318	59	0.280	-4592
通信	193	7230	6383	-0.071	69	0.358	59	0.306	-4647
建筑装饰	165	15608	16447	0.056	65	0.394	28	0.170	-4496
有色金属	156	18927	22884	0.093	50	0.321	20	0.128	-10010
商业贸易	143	34732	32887	0.090	46	0.322	27	0.189	-29454
信息服务	143	8373	8572	-0.003	56	0.392	33	0.231	-5138
汽车	124	20454	18118	-0.074	32	0.258	41	0.331	-14026
房地产	123	39574	42776	0.029	38	0.309	30	0.244	-34596
公用事业	122	20639	21334	0.106	30	0.246	27	0.221	-13388
纺织服装	116	25760	30924	0.100	28	0.241	24	0.207	-5196
农林牧渔	108	11927	11425	-0.110	33	0.306	38	0.352	-5399

数据来源：iFinD。

注：表中金额的单位为万元，次数的单位为次，仅报告观测值最多的18个行业。

3.2.6 并购绩效

表3-8报告了2012—2019年A股上市公司实施对赌并购后的财务

表 3-8 2012—2019 年 A 股对赌并购后收购方财务绩效统计

Panel A 收购方财务绩效（分年度统计）

年度	观测值	并购第一年 EPS*	并购第一年 净利率	并购第一年 ROA**	观测值	并购第二年 EPS	并购第二年 净利率	并购第二年 ROA	观测值	并购第三年 EPS	并购第三年 净利率	并购第三年 ROA
2012	178	0.408	0.120	0.069	178	0.368	0.110	0.059	178	0.292	0.092	0.047
2013	407	0.366	0.114	0.062	407	0.323	0.110	0.054	407	0.266	0.054	0.035
2014	416	0.325	0.081	0.048	416	0.306	0.087	0.046	416	0.274	0.075	0.039
2015	762	0.326	0.102	0.050	762	0.335	0.082	0.045	762	0.050	-0.065	-0.003
2016	610	0.334	0.077	0.044	610	0.065	-0.111	-0.012	610	0.008	-0.133	-0.020
2017	502	0.158	-0.008	0.012	502	-0.041	-0.143	-0.022	150	-0.037	-0.162	-0.033
2018	399	0.153	-0.028	0.011	133	0.189	-0.002	0.017				
2019	62	0.357	0.081	0.047								
总计	3336	0.291	0.065	0.041	3008	0.207	0.008	0.023	2523	0.124	-0.034	0.007

Panel B 收购方财务绩效（分行业统计）

行业	观测值	并购第一年 EPS	并购第一年 净利率	并购第一年 ROA	观测值	并购第二年 EPS	并购第二年 净利率	并购第二年 ROA	观测值	并购第三年 EPS	并购第三年 净利率	并购第三年 ROA
机械设备	386	0.278	0.061	0.041	359	0.173	0.012	0.025	296	0.109	-0.001	0.015
计算机	283	0.322	0.108	0.055	259	0.185	0.048	0.029	214	0.129	0.018	0.021
化工	268	0.318	0.077	0.044	246	0.340	0.078	0.042	194	0.177	-0.004	0.015
医药生物	245	0.452	0.097	0.058	211	0.514	0.112	0.061	182	0.411	0.036	0.042

续表

Panel B 收购方财务绩效（分行业统计）

行业	并购第一年				并购第二年				并购第三年			
	观测值	EPS	净利率	ROA	观测值	EPS	净利率	ROA	观测值	EPS	净利率	ROA
电子	238	0.239	0.046	0.034	208	0.120	0.005	0.009	176	-0.087	-0.062	-0.015
电气设备	186	0.234	0.040	0.030	167	0.144	-0.042	0.010	138	-0.068	-0.126	-0.024
传媒	179	0.141	0.009	0.016	158	-0.285	-0.400	-0.081	122	-0.186	-0.348	-0.073
信息服务	128	0.500	0.144	0.082	128	0.417	0.149	0.070	128	0.308	0.101	0.045
轻工制造	124	0.212	0.051	0.041	108	0.085	-0.068	0.012	89	0.159	-0.007	0.019
农林牧渔	111	0.140	0.024	0.029	98	0.113	-0.051	0.024	83	-0.072	-0.160	-0.013
通信	111	0.229	0.036	0.029	97	0.140	-0.040	0.010	67	0.160	-0.072	-0.002
房地产	100	0.293	0.086	0.029	92	0.182	-0.123	0.009	80	-0.086	-0.183	-0.032
建筑装饰	93	0.439	0.064	0.044	78	0.387	-0.024	0.023	68	0.145	0.020	-0.018
有色金属	93	0.160	0.043	0.029	81	0.220	0.048	0.035	71	0.215	0.005	0.029
公用事业	89	0.297	0.059	0.033	80	0.249	0.067	0.035	65	0.150	-0.053	0.001
纺织服装	74	0.307	0.100	0.065	69	0.236	0.064	0.041	62	0.059	-0.058	-0.006
商业贸易	74	0.451	0.048	0.046	71	0.296	0.072	0.028	58	0.335	0.056	0.032
汽车	71	0.426	0.073	0.049	56	0.210	-0.013	0.029	44	0.269	-0.038	0.036

数据来源：iFinD。

注：观测值的单位为个，ESP 的单位为元。Panel B 仅报告观测值最多的 18 个行业；为减少极端值的影响，表中数据经过上下 1% 分位 Winsor 处理。 * EPS：earnings per share/每股盈余。* * ROA：return on assets/资产回报率。

绩效数据，其变化趋势如图 3-16 所示。可以看出，随着时间的推移，收购方以 EPS、销售净利率、ROA 为代表的财务绩效均出现下降的趋势。实施了对赌并购的收购方在并购第一年的 EPS、销售净利率、ROA 的平均值分别为 0.291 元、6.5%、4.1%，但到了并购第三年，这些指标已经分别下降至 0.124 元、-3.4%、0.7%。并且，并购第一年、第二年、第三年的财务绩效均随着时间的推移而逐渐下降（2018 年、2019 年因缺少数据除外）。或许并购绩效的下降与收购方自身在并购前的财务绩效有关，但从三年内并购绩效的增量来看，亦能说明对赌协议并不能完全解决并购风险。从分行业的统计来看，实施对赌并购后效果最差的是传媒行业，该行业在对赌并购第一年的三个财务绩效指标均为正数，但从并购第二年起，三个指标全部降为负数。

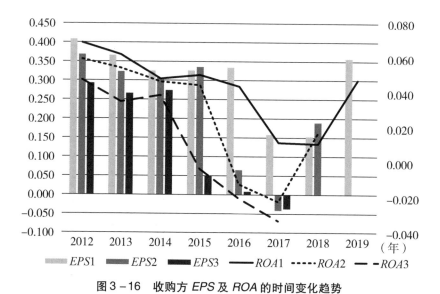

图 3-16　收购方 EPS 及 ROA 的时间变化趋势

注：ESP 的单位为元。图例的 1，2，3 分别是指并购第一年、第二年、第三年。

表 3-9 报告了 2012—2019 年 A 股对赌并购中标的公司的财务绩效数据，其变化趋势如图 3-17 所示。可以看出，标的公司的财务绩效变化趋势与收购方不同，收购方的财务绩效在 2018 年前是持续地下降，但标的公司的财务绩效变化趋势分为两个阶段，第一阶段是 2012—2015 年，此期间标的公司的总资产、销售净利率均稳步增长，ROA 也处于相对高位。第二阶段是 2016 年以后，此期间标的公司总资产、销

表3-9　2012—2019年A股对赌并购后标的公司财务绩效统计

Panel A 标的公司财务绩效（分年度统计）

年度	并购第一年				并购第二年				并购第三年			
	观测值	总资产	净利率	ROA	观测值	总资产	净利率	ROA	观测值	总资产	净利率	ROA
2012	88	96603	0.163	0.106	82	124960	0.160	0.113	78	141808	0.093	0.069
2013	199	60112	0.235	0.190	166	77385	0.195	0.169	164	91174	0.182	0.143
2014	235	62705	0.248	0.165	199	76617	0.212	0.155	180	93967	0.231	0.149
2015	420	91090	0.246	0.163	354	131488	0.206	0.159	326	150009	0.133	0.122
2016	274	133648	0.219	0.150	228	144586	0.167	0.144	208	165282	0.099	0.107
2017	210	99556	0.210	0.139	164	133162	0.149	0.134	76	118626	0.056	0.076
2018	159	115957	0.176	0.132	83	115789	0.132	0.135				
2019	55	142166	0.160	0.106								
总计	1640	95878	0.222	0.153	1276	117007	0.183	0.149	1032	131032	0.142	0.120

Panel B 标的公司财务绩效（分行业统计）

行业	并购第一年				并购第二年				并购第三年			
	观测值	总资产	净利率	ROA	观测值	总资产	净利率	ROA	观测值	总资产	净利率	ROA
机械设备	194	93927	0.207	0.130	163	108390	0.170	0.128	131	101365	0.117	0.103
计算机	151	38544	0.320	0.202	116	62891	0.274	0.206	99	59258	0.271	0.175
化工	131	152417	0.195	0.148	100	197210	0.189	0.148	88	239061	0.132	0.141

续表

Panel B 标的公司财务绩效（分行业统计）

行业	并购第一年				并购第二年				并购第三年			
	观测值	总资产	净利率	ROA	观测值	总资产	净利率	ROA	观测值	总资产	净利率	ROA
电子	130	72424	0.160	0.130	103	89289	0.147	0.127	80	106780	0.087	0.094
医药生物	114	53287	0.203	0.142	96	66001	0.205	0.166	69	82700	0.146	0.126
电气设备	104	74838	0.214	0.144	83	66461	0.104	0.133	65	81346	0.082	0.096
传媒	80	47385	0.268	0.225	62	48462	0.215	0.228	41	58923	0.057	0.130
信息服务	76	77006	0.315	0.225	69	94738	0.285	0.231	59	123504	0.129	0.141
轻工制造	72	75607	0.209	0.200	55	109972	0.118	0.131	50	142923	0.022	0.091
通信	68	54322	0.237	0.158	48	50074	0.195	0.174	28	55447	0.235	0.158
信息设备	57	26919	0.246	0.190	45	37384	0.221	0.180	56	42607	0.247	0.168
建筑装饰	41	53719	0.208	0.128	26	69708	0.176	0.144	23	72552	0.149	0.132
纺织服装	39	140931	0.287	0.173	29	115386	0.187	0.148	21	169129	0.173	0.108
有色金属	38	152982	0.174	0.092	23	211117	0.197	0.122	18	279015	0.142	0.101
商业贸易	34	296127	0.124	0.085	29	345042	0.076	0.069	18	280718	0.120	0.097
公用事业	30	173195	0.170	0.114	23	237439	0.189	0.124	16	137475	0.029	0.092
农林牧渔	29	50787	0.238	0.161	22	71524	0.165	0.131	11	95249	-0.286	-0.011
建筑材料	28	105649	0.291	0.175	17	136805	0.254	0.153	13	245176	0.182	0.112

数据来源：iFinD、上市公司公告；Panel B 仅报告观测值最多的 18 个行业；总资产的单位为万元，表中数据经过上下 1% 分位 Winsor 处理。

售净利率、ROA 均开始出现明显下滑。这些情况意味着在 2015 年以前，上市公司所挑选的标的公司质地较好，但此后受到市场过热情绪的影响，大量收购方疏于对标的公司盈利能力进行审慎考查，导致完成并购后标的公司的业绩不理想，收购方的财务绩效也随之下滑。

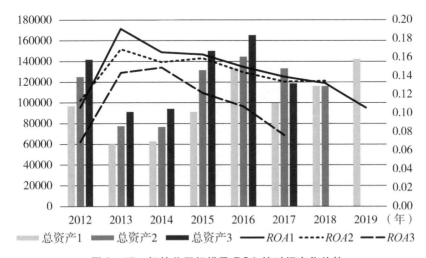

图 3-17 标的公司规模及 ROA 的时间变化趋势

注：总资产的单位为万元。图例的 1，2，3 分别是指并购第一年、第二年、第三年。

3.2.7 监管问询

在并购交易中，除了证监会的行政审批与监督管理，沪深交易所的监管问询机制也构成了并购信息披露监管体系中的重要环节，主要关注的是上市公司的信息披露不当行为。

近年来，对存在问题的并购重组事件高压问询已成为交易所监管的新常态，重点针对"三高"并购、蹭热点、盲目跨界、忽悠式重组等异常情况进行刨根问底式问询。根据沪深交易所官方网站的监管问询数据统计，截至 2020 年，沪深证券交易所共发出 1741 封重组问询函。从图 3-18 的重组问询年度分布来看，在上述 1741 封重组问询函中，2014 年仅有 3 封，2015 年迅速飙升至 245 封，在随后的三年里每年都超过 300 封，由于 2019 年、2020 年 A 股市场整体并购规模出现下降，问询的数量才出现明显下降。这些情况说明交易所对并购重组事件保持了高度、持续的监管力度，尤其是在2016年，大量高溢价并购事件引起了监管方的从严审查。

图3-18 2014—2020年A股重组问询年度分布

数据来源：上海、深圳证券交易所官方网站。

表3-10对深交所重组问询的效率与深度进行了分析统计，结合图3-19可以发现，自2015年以来，虽然从上市公司发布公告信息到交易所发布问询函的时间有逐渐延长的趋势，从2015年6.9天延长至2020年的10.8天，但并不意味着交易所的效率有所下降、态度有所放松，因为问询函的平均字数从1744字增至5109字，意味着问询的内容越来越多，所有可疑之处都将原形毕露。相应地，由于交易所加大了问询的深度，上市公司的回函速度也有所减缓，从2015年的6.2天延长至2018年的高峰值17.5天，但随后两年回函速度明显加快，其原因可能有两方面：一是随着网络爬虫、人工智能、数据挖掘等信息技术的发达，上市公司可以参考过往的问询与回复案例，得知哪些内容应该如何组织材料进行回复，需要补充披露的内容也可以更加高效地获取数据资料；二是交易所正在将监管问询的回复情况纳入信息披露质量考评指标[①]，若上市公司对

---

① 2020年9月4日，深圳证券交易所上市公司信息披露工作考核办法（2020年修订）第十九条：对上市公司与本所工作配合情况的考核主要关注以下内容：（一）是否在规定期限内如实回复本所问询；……（五）是否及时关注媒体报道，主动求证真实情况并及时回复本所问询。

重组问询怠懒应对甚至不予理睬，将会导致严重的后果。

表 3-10 深交所重组问询效率与深度

Panel A 问询效率与问询深度（分年度统计）					
年度	观测值	发函时间差（天）	问询字数（字）	回函时间差（天）	回复字数（字）
2015	178	6.944	1744	6.219	18136
2016	223	8.152	2409	11.637	22992
2017	149	8.523	2766	14.993	25312
2018	127	9.787	3375	17.520	25693
2019	126	8.984	3125	9.730	25478
2020	119	10.840	5109	12.782	29729
总计	922	8.665	2918	11.831	24011
Panel B 问询效率与问询深度（分行业统计）					
行业	观测值	发函时间差（天）	问询字数（字）	回函时间差（天）	回复字数（字）
机械设备	121	9.521	2971	9.810	24970
化工	97	8.474	3007	12.031	23822
电子	71	9.197	2740	9.972	24108
医药生物	60	8.783	2530	15.417	21208
计算机	57	9.386	2897	11.596	24551
电气设备	51	7.922	2612	11.745	22613
轻工制造	37	9.135	2608	10.730	24097
传媒	34	8.206	2565	17.441	23793
房地产	34	6.441	3936	12.912	24005
通信	34	7.471	3004	7.441	23898
汽车	33	9.394	3490	9.091	26611
公用事业	31	8.290	3360	11.903	25632
农林牧渔	31	8.516	2272	7.968	22816
纺织服装	29	9.552	2840	18.138	19462
建筑装饰	26	8.538	3153	11.192	24761
商业贸易	26	7.808	2725	10.692	25710

续表

行业	观测值	发函时间差（天）	问询字数（字）	回函时间差（天）	回复字数（字）
有色金属	22	8.091	3145	11.909	24770
建筑材料	21	7.524	2532	12.952	24472

数据来源：CNRDS。

注：Panel B 仅报告观测值最多的 18 个行业。发函时间差是指从上市公司发布公告到交易所发布问询函的时间差，回函时间差是指从交易所出具问询函到上市公司公告问询函回复的时间差，均指自然日。

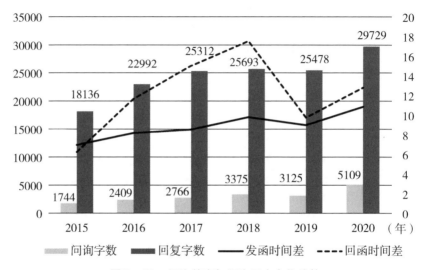

图 3-19 问询效率与问询深度变化趋势

数据来源：CNRDS。

注：字数的单位为字；时间的单位为天。

由此来看，重组问询有助于提升上市公司对并购交易信息披露的责任感，提高信息披露的数量和质量，从而保障投资者的知情权。为探明重组问询函中的监管重点，在查阅部分问询函后发现，标的公司估值逻辑、未来盈利能力、对赌协议条款、并购风险控制、保障上市公司中小股东权益等内容是交易所较为关心的。对赌协议以外的常见问题可以总结为如下四个方面。

第一，交易方案相关。①支付方式。询问选择某种支付方式的具体原因，对于现金购买资产的情形，则要求上市公司进一步说明资金来源以及分析收购的财务可行性。②关联交易。询问上市公司向关联方支付对价的行为是否构成关联方非经营性占用公司资金、是否构成向关联方提供财务资助，如是，则要求上市公司进行整改。③规避重组上市认定。如果上市公司采取发行股份购买资产的方式，则要求上市公司进一步说明该支付方式是否对公司的股权结构造成重大变化以及是否存在规避重组上市认定标准的情形。

第二，交易对方相关。①资金管理。具体包括：上市公司股东对标的公司是否存在资金占用，上市公司向标的公司提供担保、违约责任安排、就担保事项提供的保障措施，标的公司向上市公司提供委托贷款，重组报告书披露期间上市公司与标的公司的交易和资金往来情况，标的公司实业负债构成及原因，等等。②产权纠纷。标的公司的股权结构是否清晰，股权、专利资产是否有权属纠纷，经营场地是否有权属瑕疵。除此之外，标的公司的核心团队构成，专利技术、资质认证，客户稳定性，业务模式等林林总总的内容都在问询范围内，还会要求在重组报告书中补充披露标的公司的产销情况、收益明细等。

第三，交易标的估值相关。①估值结果。问询股权转让价格相较之前大幅增值的原因及合理性，股权市场价与评估值的差异及其合理性。②评估方法。对于收益法，问询营业收入的测算过程与营业收入增长率的测算依据及合理性；对于资产基础法，问询采用的评估参数和评估方法的原因及合理性；对于市场法，问询可比公司选取的依据及其合理性、比准市净率和流动性折扣的计算过程与计算依据及其合理性；对于只采用一种评估方法的交易，问询这样做的原因及评估结果的合理性。③估值风险防范。要求上市公司补充披露业绩承诺补偿对估值的影响、对标的资产评估的敏感性分析。

第四，其他事项。①股东减持。要求上市公司补充披露第一大股东及其一致行动人在交易公告日至交易完成或交易终止日期间的减持计划。②交易后影响。问询交易完成后对上市公司生产经营的影响以及上市公司的应对措施与未来发展规划，标的公司与控股股东业务是否重合或相似，是否存在新增同业竞争情形。除此以外，还可能要求上市公司对重组报告书中的错漏数据进行更正。

在对赌协议方面，交易所会从承诺金额的可行性、充分性、违约补偿的保障性等方面展开较为详细的问询，着重关注：①业绩承诺金额与时限设置的原因及合理性，业绩承诺的可实现性；②承诺业绩与收益法预测的净利润存在差异的原因及合理性；③业绩奖励设置的原因、依据、合理性及其对上市公司产生的影响；④业绩补偿时间安排与考核指标设置的原因及合理性；⑤标的公司履行补偿义务的时限，履约保障措施和能力；⑥标的公司不承担业绩补偿义务的原因及合理性。重点关注问题如表3-11所示。

表3-11 重组问询函中关于对赌协议的重点关注问题

问题类型	典型问题示例
业绩承诺金额的可行性	承诺业绩较历史业绩增长较快的原因
	盈利预测相对于标的公司的历史经营情况以及所处行业的竞争和增长情况是否具有合理性
	承诺期内业绩快速增长的驱动因素以及合理性
	高业绩承诺情况下，出现违约后对上市公司业绩影响的敏感性测试
业绩承诺金额的充分性	承诺金额与收益法评估的相应数据存在差异的原因及合理性
	补偿金额上限未覆盖本次交易作价的原因及合理性
	不涉及每年补偿的情形是否符合《上市公司重大资产重组管理办法》第三十五条及相关问题解答的规定
	业绩承诺金额未确定（延迟公告）的原因
	业绩实现比例不低于90%视为完成是否意味着变相降低业绩承诺金额
违约补偿条款的保障性	多名交易对手存在补偿顺序的原因
	仅部分而非全部交易对手承担补偿责任的原因以及能否覆盖业绩承诺
	补偿义务人所获股份在解锁前对外质押后是否具有其他业绩承诺保障措施
	若承诺期内标的公司业绩大幅波动，设置股份锁定期是否存在股份不足以履行业绩补偿承诺的风险
	令人费解、容易引起歧义的补偿公式补充具体数值举例说明相关金额如何计算
	以往年超额业绩抵偿当年应补偿的业绩金额是否合理

续表

问题类型	典型问题示例
违约补偿条款的保障性	具有复杂股权结构的交易对方之间，是否本身就已经存在业绩承诺和股份回购安排
	形成大额商誉的交易中若出现对赌违约拟对商誉减值风险采取何种应对措施
交易后事项	交易对手锁定期满后对持有股份的相关安排与减持计划是否影响上市公司控制权的稳定
	是否由于专项审计的审计计划与具体进展存在实质性障碍而导致延期出具业绩承诺实现情况
	延期出具业绩承诺实现情况是否损害上市公司利益

资料来源：交易所问询函。

对于高估值且未约定业绩承诺的交易案例，监管方也十分关注。例如，在鸣志电器（603728.SH）收购瑞士 Technosoft 的案例中[①]，公告显示交易对价为 3119.71 万瑞士法郎（折合人民币 2.18 亿元），标的公司 2018 年上半年经审计的净资产为 1951 万元，评估增值率达 1017%，但未约定业绩承诺，且未披露资产评估机构以及相关评估报告。为此，交易所要求鸣志电器补充披露提供评估服务的评估事务所及其资质、标的公司未来业绩的稳定性，若业绩不如预期将如何保障上市公司利益。

总的来说，证监会和交易所对市场并购重组活动的监管力度正在持续加大，投机炒作、忽悠式重组、滥用停复牌、内幕交易等市场顽疾被重点关注，在强监管模式下，异常并购交易活动更加寸步难行。现今，交易所对异常并购重组高压问询已成为常态，不少公司在被并购重组委否决交易之前，便主动撤回材料或终止筹划重组事项。可见，重组问询监管对"问题"交易和"问题"公司具有震慑作用，有助于提高监管效率，改善资本市场的秩序。

---

① 详细公告见 http://quotes.money.163.com/f10/ggmx_603728_4990421.html。

3.3 存在的问题

通过上述制度背景与市场现状的回顾可以发现,上市公司的并购重组交易逐渐回归理性,由高速度发展向高质量发展转变,并借助对赌并购成功实现外延扩张并优化资源配置。特别是在深化国企改革的背景下,对赌并购有望帮助国有企业在产业逻辑主导下推进板块整合,成为国有企业通过资本市场践行国家战略的重要渠道。

但是,并购重组市场的跨越式发展也造成了一些问题,具体表现为市场狂热时期的盲目、无序、摸着石头过河式的交易行为带来了意想不到的"后遗症",这些问题集中反映在以下几点。但是,这些情况和问题并不意味着当前并购重组的改革方向存在道路选择性错误,而是改革进程注定是曲折螺旋式上升的过程,需要监管方在并购重组交易周期漫长、结构复杂、对手众多、过程繁琐的情况下,为资本市场提供更为完备而可持续的制度建设。

3.3.1 并购交易重量轻质

从近年 A 股并购市场交易规模变化可知,并购重组已经成为当前推动资本市场发展、助力企业快速扩张与整合资源的重要力量。但是,上市公司在这个过程中所付出的代价也是巨大的,长期高溢价并购导致商誉高悬、减值风险集聚,随后的并购成效也不尽如人意,即使是签订了对赌协议也无法挽救江河日下的局面:标的公司销售净利率、ROA 逐年下降,相应地,收购方 EPS、销售净利率、ROA 也逐年下降。

造成这一结果有多方面原因:首先,信息不对称是并购交易中的固有顽疾,收购方天然地处于信息弱势地位,而一些上市公司在股价高估、投资者情绪狂热、过度自信或牟取个人私利等因素的驱动下,容易存在决策短视化问题,在尽职调查环节中不够谨慎,加上企业之间存在文化差异等问题,容易导致并购后整合不力,从而妨碍了并购重组的价值创造效果。其次,一些上市公司将解决信息不对称问题的全部希望寄予对赌协议,由此普遍出现的情形是,收购方一见到业绩高速增长的标的公司便喜不自胜,基于对未来的乐观估计,约定了较高的业绩承诺,并支付相应的高价，殊不知这便是噩梦的开始，这些高速增长的漂亮业绩完全可能是伪造的。大量实践表明，售股股东会选择一个最佳的出售时机，只有当收购方的出价高于标的公司真实价值时才愿意交易，他们为了获取较高的并购对价，有强烈的动机从事盈余管理活动，而一旦完成交易，这"击鼓传花"的最后一棒便转到收购方的手中，随之而来的便是标的公司业绩变脸的恶果。最后，一些签订了对赌协议的标的公司为了规避业绩补偿，会通过一些手法强行"拼凑"业绩，如虚增收入、突击收购、强行变更会计估计方法等，将问题拖延至对赌结束后再爆出惊天大雷，借助巨额商誉减值实现"大洗澡"，甚至还借助水军造势声称"利空出尽即是利好""轻装上阵"，这些行为治标不治本，进一步导致上市公司信息披露质量低下，加剧了并购市场风险。

值得提出的是，上述这些问题存在于中国资本市场发展的特定经济环境和政策背景。自 2014 年以来，中国经济面临较大的下行压力，急需转型升级、发掘新的经济增长点，所以政策层面对上市公司积极并购、扩张外延持鼓励支持态度。事实上，这一时期的并购交易确实为上市公司带来了一片新天地，有力地支撑了股价的上涨，推动 2015 年 A 股进入牛市，并反过来赋予上市公司通过定增并购实施更大规模并购的契机。但遗憾的是，这段特殊时期市场过热，出现了一大批跟风式重组、忽悠式重组、盲目跨界重组、一锤子买卖，收购方急于快速扩张规模而疏于考察标的公司的真实盈利能力，导致"高溢价、高估值、高承诺"，并购后的业绩变脸、商誉减值、股价崩溃问题日益凸显，以致 2019 年初出现了数十家公司突然公告超过 10 亿元商誉减值的爆雷潮，资本市场至今仍然在消化前期积聚的风险。随着 2014 年以来的对赌并购违约风险在 2016 年下半年逐渐暴露（对赌期通常为三年），监管方已经重拳出击，着手整治，加上 2019 年注册制开放，并购市场正在回归理性，交易目的更为理性，标的估值更为合理，业绩目标更为可行。2018 年以来的对赌并购的业绩实现情况、绩效风险均有所回暖。

3.3.2 标的公司管理失控

从监管问询以及监管处罚的相关案例来看，由于部分标的公司存在会计核算不当等问题，造成上市公司出现信息披露问题。具体的失控问题表现在以下三方面：①会计核算失控。部分标的公司通过少结转主营业务成本、少计销售费用、生物资产盘点不当、偶发性收入确认为经常性收入等方式实施业绩操纵、虚增利润，甚至直接虚构收入，而上市公司对这些标的公司缺乏有效的内部控制，未能及时发现当中存在的漏洞，导致上市公司披露的业绩预告、年度报告等存在错报、虚假记载或误导性陈述。②资金管理失控。并购交易对方违规占用并购资金，违规对外提供财务资助，导致上市公司资金被侵占。③人事管理失控。一些本应留任管理层的承诺方在对赌期内就早早离职，出现业绩违约后以标的公司脱离自身控制为由拒绝承担补偿义务。而另一些管理层则反其道而行之，强行对抗专项审计，导致上市公司无法判断业绩承诺的履行情况，以致迟迟未能向市场公布。

3.3.3 业绩承诺履行乱象

在当前业绩承诺履行的过程中，精准达标、对赌违约以及违约后的拒绝赔付问题相当突出。

第一，业绩精准达标问题日益突出。2014—2016年对赌并购交易精准达标问题最为严重，往往在对赌第一年，就已经存在大量精准达标情况，占比超过36.7%，所隐藏的盈余管理风险令人心惊。尽管在对赌第二、第三年，精准达标数量有所减少，但也不见得是好事，因为对赌违约的数量大大提升了。一些公司在签订对赌协议时留有"后门"，将业绩承诺金额实现90%以上视同完成业绩承诺，相当于变相降低了承诺水平，使得并购交易对价并未被补偿金额上限完全覆盖，增加了上市公司的风险暴露。还有一些公司则在预计无法兑现业绩承诺时，提前通过突击收购或者甩卖资产等方式强行达标。

第二，对赌违约问题越发严重。历年来，对赌协议的业绩实现金额与承诺金额都非常接近，其业绩实现比例逐年下降，随着对赌期的推移，违约数量占比越来越高，2015—2017年实施的并购交易平均业绩实现比例甚至为负，这意味着靠盈余管理都可能无法补救。产生这一结果主要是由于在这段时间并购市场过热，对赌并购成为拉抬公司股价的有力助推器，从而赋予公司强烈的动力筹划对赌并购，对标的公司的业绩形成不切实际的预期，最后带来了对赌违约的隐患。

第三,对赌协议违约后,出现多起无法履行补偿义务的情况。如深市主板、中小板、创业板分别为 5 起、7 起和 4 起(王建伟和钱金晶,2018)[207],其主要原因在于售股股东(补偿义务人)在取得股份对价后将其质押,且质押股份所取得的资金已作他用,导致股份无法过户,也无法(或拒绝)以现金进行补偿。另一个原因在于数据无法及时确定、披露,如由于诉讼等特殊事项旷日持久,在事件的影响结束之前无法明确业绩补偿金额,使得业绩补偿最终变成一笔糊涂账。更有个别极端案例存在恶意承诺和合同欺诈问题,售股股东在签订对赌协议之时就没打算要履行,当标的公司业绩违约时,早已将所得并购对价挥霍一空,尽管这些人终将受到法律制裁,但他们也失去了履约能力,无法完全弥补上市公司的损失。

这些乱象产生的根源在于当初约定了高于实际能力的业绩目标:在收益法估值的基础上,业绩目标与标的公司估值直接挂钩,标的公司售股股东想要获得更高的并购对价,就必须做出相应的承诺;从收购方的角度来看,业绩目标是显示标的公司盈利能力的信号,高增长的预期将会起到提振上市公司股价的作用,这是收购方与标的公司形成高承诺、高溢价共识的利益基础。两方面因素的共同作用,为后续业绩承诺的履行乱象埋下了祸根。

3.3.4 监管处理力度过轻

随着相关制度及其监管的改革与演变,A 股市场对赌并购的效率逐渐提升,活力充分迸发,有力地提升了上市公司的竞争力、支持了实体经济发展。但结合部分监管处理案件来看,部分案例存在监管力度过轻的问题,如在补偿义务人将股份质押而无法履行补偿义务时,仅仅口头批评、公开谴责,只是在声誉上对违规者施加压力,震慑力十分有限,对违规者几乎难以产生实质性的影响,尤其是对于那些持有资产质量差、不在意自身形象的违规者而言,与承受声誉损失相比,显然通过违规操作获取丰厚利益更重要,其他利益相关者是否会遭到损失并不在其考虑的范围之内。还有个别公司甚至因同一交易事项被反复问询、处理。若对恶行不施以重典,有可能会助长对赌乱象丛生。

3.4 结论与启示

本章回顾了并购重组和对赌协议的相关政策与监管状况,通过数据统计分析,描述了 A 股市场并购交易规模、商誉与商誉减值的整体情况,借助 iFinD、CNRDS 数据库及上市公司并购公告数据,分析了并购溢价、业绩承诺、业绩实现、并购绩效、监管问询的基本情况、变化趋势,总结了当前并购市场存在的主要问题。

在制度背景部分首先回顾了并购重组的相关政策法规如何与时俱进、不断完善。在不同的经济发展阶段,相应的政策监管存在不同的侧重点,2014 年的宽松政策促使并购市场快速发展、上市公司估值迅速提升。2016 年后,并购市场进入过热状态,为了降低系统风险,政策面开始收紧,使得并购市场急剧降温,至 2019 年才开始回暖。同时,针对对赌协议的相关政策进行了梳理,由此发现监管措施在不断丰富,并以简化审批程序、强化信息披露为主。

在市场现状部分总结了:①并购交易规模主要受监管政策的影响,2015—2017 年出现并购热潮,但这段时间由于受到狂热情绪的影响,涌现出一批非理性的并购交易,并被监管方否决,否决的原因主要在于信息披露不充分、交易对方存在问题、标的资产估值不合理。②自 2015 年以来,A 股商誉规模持续攀升,集聚了巨大的商誉减值风险,导致 2018 年、2019 年出现商誉暴雷潮,这一时间差可能与对赌期主要为 3~4 年有关。③并购溢价整体呈现先升后降的趋势,高溢价并购主要集中于传媒、计算机、通信、医药生物等行业,这一现象可能与这些行业适合采用收益法估值有关。④对赌协议的运用随着时间的推移越来越广泛,但 2018 年以后开始遇冷,从承诺增长率和承诺金额来看,2016 年以前承诺增长率和承诺金额都在稳步增长,而 2017 年以后虽然承诺增长率仍然较高,但承诺金额出现明显下降。⑤对赌并购中的业绩实现情况日渐萧条,业绩精准达标和对赌违约问题越来越严重,并且对赌后期的违约问题更加严重,直至 2018 年对赌监管趋严,情况才开始好转。⑥尽管在并购中引入对赌协议的初衷在于解决信息不对称问题,并对标的公司发挥激励作用,但无论从收购方还是从标的方的角度来看,实施对赌并购后的财务绩效都并不理想,并购 3 年内的净利率、

ROA 等财务指标均呈现下降趋势。⑦为了加强并购重组信息披露监管，交易所对存在问题的交易事件高压问询已成为常态，所关注的问题包括标的公司估值逻辑、未来盈利能力、对赌协议条款、并购风险控制、保障上市公司中小股东权益等方方面面的内容。

结合这些情况，本章总结了当前对赌并购市场面临的突出问题，包括并购交易重量轻质、标的公司管理失控、业绩承诺履约乱象、监管处理力度过轻四个方面。这些问题可能预示了：①业绩承诺水平的快速增长可能成为并购溢价快速抬升的助燃剂；②收购方低估对赌并购的专业性和复杂性，盲目轻信对赌协议的作用，冲动付出过高的对价，却没有考虑将来究竟如何通过项目的现金流回收这笔投入，使得高溢价并购潜藏了较高的风险；③不切实际的业绩目标为后续的对赌违约埋下祸根，加剧了并购风险，而市场情绪的裹挟可能会进一步加剧对赌并购的非理性行为。下文将通过三个实证章节对这些问题进行一一论证。

第4章 对赌协议与并购溢价

4.1 研究假设

4.1.1 承诺增长率与并购溢价

现有研究表明，有对赌协议的并购交易中溢价水平通常更高。李玉辰、费一文（2013）[208]通过理论分析发现，在信息不对称的情况下，只有高盈利能力的企业愿意和投资者签订对赌协议。此后，吕长江、韩慧博（2014）[1]，王竞达、范庆泉（2017）[140]通过实证研究发现，对赌协议会显著提高并购溢价。于成永、于金金（2017）[209]进一步发现，公司治理质量高的公司签订对赌协议，并购溢价更高。江虹、姜文静（2017）[210]针对影视内容产业的并购案例进行了分析，指出业绩承诺体现了标的公司股东对公司未来发展的信心，并且为收购方提供了一定的权益保障，能提高自身的估值水平。潘妙丽、张玮婷（2017）[211]则指出，并并购重组交易中，业绩承诺影响了正常的资产评估，签订了对赌协议的重组项目，并购溢价率更高，而对赌协议中的业绩目标与资产评估预测值高度一致，即便是标的公司在并购前出现了业绩下滑的迹象，资产评估公司也默许了明显不合理的高业绩承诺。这些研究表明对赌协议会影响并购溢价，与业绩承诺增长率影响并购溢价的推测一致。

理论上，对赌协议中的承诺增长率可能通过以下几种路径影响并购溢价。

根据信号理论，收购方不了解标的公司的实际盈利能力，高盈利能力的公司有动机向收购方显示其盈利能力，高承诺增长率便是显示高盈利能力的一种信号。相反地，低盈利能力的公司不敢承诺高增长率，因为他们很清楚自己做不到，承诺高增长率的违约概率很大、成本也很高。于是，愿意承诺高增长率的公司便能与低盈利能力的公司区分出来。此时，高承诺增长率被收购方视为标的公司盈利能力较强的信号，使之为此支付更高的并购溢价。

第一，从信息不对称的角度来看，在并购交易之前，收购方和标的公司之间的信息不对称问题较为严重，导致收购方无法对标的公司进行准确估值，从而产生并购溢价。此时，买方处于信息劣势地位，倾向于采用价格保护策略来避免高价买入劣质资产。标的公司做出业绩承诺的意义在于，通过主动披露信息缓解信息不对称问题给收购方带来的不公平性，节约收购方的信息收集成本，帮助收购方对标的公司的盈利能力进行甄别与评定。为此，收购方需要付出一定的代价。

第二，从收购风险的角度来看，并购交易价格小于标的资产未来给收购方带来的经济利益是并购能创造价值的充分必要条件。签订了对赌协议后，如果标的公司的业绩不及预期，收购方就可以根据协议获取相应的补偿，使其收购风险相对降低。承诺业绩越高，未来的经济利益也越有保证，因此，收购方愿意接受更高的并购价格。

第三，从实物期权的角度来看，标的公司的业绩承诺为收购方设定了损失的下限，在此安排下，收购方需要向标的公司支付价值补偿，即期权费。承诺增长率越高，对赌协议的期权价值越高，因此，并购溢价也越高。

第四，从机会成本的角度来看，高并购溢价是对标的公司放弃独立上市、放弃被其他公司收购的补偿。优质资产永远是稀缺的、备受追捧的，优质公司的高业绩承诺是劣质公司无法模仿的。如果收购方出价过低，优质的标的公司会认为这笔交易划不来，不如自己直接谋求上市，或者等待出价更高的买家，所以，收购方必须支付足够高的价格，优质标的公司才会愿意放弃独立上市或者被其他公司收购的机会。

基于以上理论分析，当承诺增长率较高时，上市公司必须支付较高的并购溢价才能使得交易达成。

据此，提出假设。

H4-1：对赌协议中的承诺增长率越高，并购溢价越高。

4.1.2 标的公司盈余管理的影响

从收购方的角度来看，收购价格小于标的公司未来能带来的经济利益是并购交易具有价值创造功能的充分必要条件,因此,收购方会非常看重标的公司的质地,愿意为目前经营业绩状况良好的公司支付较高的溢价,也愿意为了未来成长性良好的公司支付较高的溢价。具体在进行并购价格决策时,收购方会主要参考标的公司的财务信息,根据财务信息中透露的盈利能力和成长性做出判断。

但实际上,交易双方均处于信息严重不对称的状态。根据信号传递理论,在信息不对称的环境下进行交易,信息的优势方可以通过释放一些可辨认的信号影响信息劣势方对己方价值的判断。于是,标的公司为迎合收购方的需求,利用信息的优势地位进行自我粉饰,以释放出自己是优质公司的信号。其中一种方式就是通过盈余管理对业绩进行操纵。

对收购方来说,坏消息是,标的公司在不违背会计准则的前提下进行盈余管理的鉴别成本很高,因为盈余管理不是财务欺诈,收购方即便花费巨大的成本也难以获取标的公司真实、详细的业绩数据,在权衡识别成本与标的公司财务报表扭曲程度后,基于对标的公司盈余管理行为不会过分违背会计准则的理性预期下,收购方只好根据标的公司提供的财务信息进行决策。从这一角度来说,尽管收购方非常清楚标的公司具有盈余管理动机,却难以直接制止,甚至无法识别盈余管理的程度和方向,使得标的公司盈余管理具有了操作空间,进而影响并购溢价。

对标的公司来说,业绩操纵的动机是较为强烈的,因为标的公司希望提高并购交易价格:一方面,如果收购价格以历史净利润为定价依据,那么净利润越高,收购价格也越高,这促使标的公司进行正向盈余管理;另一方面,如果收购价格以未来净现金流的贴现为定价依据,那么标的公司承诺的业绩越高,收购价格也就越高,这促使标的公司进行负向盈余管理,以便本来可以在当期体现的利润在未来期间体现。

一正一负两种做法看似水火不容、南辕北辙,实际上殊途同归,因为两者吸引的是两类截然不同的投资者——他们在两类估值体系下形成的投资风格和投资理念具有较大的异质性,对利润和成长性的理解也存在较大分歧。在后一种情景中,标的公司负向盈余管理的逻辑是为了体现高成长性、在对赌期间更容易实现业绩承诺,希望收购方基于公司未来较高的成长性而给予更高的溢价水平,否则,标的公司就不敢承诺那么高的业绩;而对于那些由于暂时性原因导致业绩表现平平的标的公司,也有可能趁机"大洗澡",为下一个会计期间业绩反转创造空间,以提高业绩达标的可能性。

基于上述分析,提出以下假设。

H4-2a:无论标的公司在并购前进行了正向还是负向盈余管理,盈余管理水平越高,并购溢价越高。

H4-2b:正向盈余管理将加强承诺增长率对并购溢价的影响,负向盈余管理将削弱承诺增长率对并购溢价的影响。

4.2 研究设计

4.2.1 样本选择与数据来源

本书以 A 股上市公司 2012—2020 年公告的、签订了对赌协议的定增并购交易事件为研究样本,选择该区间的理由是,募集资金用于股权收购的定增事件主要从 2012 年开始兴起,在 2012 年之前此类样本极少。选择有对赌的定增并购事件而非全部对赌并购事件的理由是,许多并购事件不构成关联交易、不构成《上市公司重大资产重组管理办法》规定的重大资产重组、不需要经过有关部门批准,信息披露要求较低,公告中往往只介绍收购价格等基本交易信息,不披露标的公司财务报表等详细内容,因而无法获知相关交易细节,也就无法将这些事件纳入研究;而定增并购的交易程序复杂,往往需要面临较为严格的信息披露要求,对标的公司财务报表等交易细节披露相对详尽,数据具有可获得性,从而得以进入研究样本。本书业绩承诺、并购交易数据和标的资产财务数据等从上市公司公告中手工摘取,其他数据来自同花顺 iFinD。在剔除了:①累计对赌(承诺净利润没有精确到年,而是在整个对赌期内承诺一个累计金额);②外币计价对赌业绩;③数据缺失或严重异常的观测值后,最终得到 985 个观测值(由于数据缺失、计算复杂,标的公司盈余管理观测值为 944 个)。为使研究结果不受某些极端观测值的影响,对连续变量进行了上下 1% 分位的缩尾处理。采用 Stata 14.0 软件进行数据处理。

4.2.2 关键变量的衡量

（1）承诺增长率。参考潘爱玲等（2017）[2]，采用对赌协议中各年度承诺净利润的同比增长率的平均值来衡量对赌协议的承诺增长率①。具体按式4-1计算：

$$commit = \frac{1}{T-1}\sum_{2}^{T}\frac{ni_t - ni_{t-1}}{ni_{t-1}} \quad （式4-1）$$

式中，$commit$ 是业绩承诺增长率，ni 是标的公司的承诺净利润，T 是对赌期间的年数。当 $t=2$ 时，ni_t 是指对赌第二年的承诺净利润，ni_{t-1} 是指对赌第一年的承诺净利润；以此类推。

（2）标的公司盈余管理。采用考虑业绩的修正琼斯模型进行衡量（苏冬蔚、林大庞，2010）[212]，如式4-2、式4-3所示：

$$\frac{TA_{i,t}}{A_{i,t-1}} = \beta_0 + \beta_1\frac{1}{A_{i,t-1}} + \beta_2\frac{\Delta REV_{i,t}}{A_{i,t-1}} + \beta_3\frac{PPE_{i,t}}{A_{i,t-1}} - \beta_4 ROA_{i,t} + \xi_{i,t}$$

$$（式4-2）$$

$$DA_{i,t} = \frac{TA_{i,t}}{A_{i,t-1}} - \hat{\beta}_0 - \hat{\beta}_1\frac{1}{A_{i,t-1}} - \hat{\beta}_2\left(\frac{\Delta REV_{i,t}}{A_{i,t-1}} - \frac{\Delta REC_{i,t}}{A_{i,t-1}}\right) - \hat{\beta}_3\frac{PPE_{i,t}}{A_{i,t-1}} - \hat{\beta}_4 ROA_{i,t}$$

$$（式4-3）$$

其中，$TA_{i,t} = (\Delta CA_{i,t} - \Delta CASH_{i,t}) - (\Delta CL_{i,t} - \Delta CLD_{i,t}) - DEP_{i,t}$，$\Delta CA_{i,t}$ 为流动资产增加额，$\Delta CASH_{i,t}$ 为现金及现金等价物增加额，$\Delta CL_{i,t}$ 为流动负债增加额，$\Delta CLD_{i,t}$ 为一年内到期的长期负债增加额，$DEP_{i,t}$ 为折旧和摊销成本，$A_{i,t-1}$ 为上年度总资产，$\Delta REV_{i,t}$ 为销售收入增加额，$\Delta REC_{i,t}$ 为应收账款净值增加额，$PPE_{i,t}$ 为固定资产，$ROA_{i,t}$ 为总资产净利率，$DA_{i,t}$ 为应计盈余管理。

---

① 有些案例可能会在对赌即将结束时自愿约定延长对赌期，例如浙江富润（600070.SH）2016年收购杭州泰一指尚科技有限公司所约定对赌期为2016—2018年，2018年11月27日，公告资产重组交易对方自愿追加泰一指尚2019年、2020年两年业绩承诺，其中，2019年净利润不低于1.59亿元，2020年净利润不低于2.07亿元。本书在计算承诺增长率时没有考虑这种对赌延长的情形，一是由于这种情况少见，二是由于并购交易报告书所披露的业绩承诺是与并购交易价格相匹配的，是收购方可以预见的，而对赌即将结束是否能继续延长对赌则属于不可预见事项。

具体地，采用上市公司的数据进行回归，计算得到估计系数，再将标的公司相关指标代入，即可得到标的公司盈余管理程度。

4.2.3 模型构建

为验证假设4-1，采用以下模型进行检验：

$$premium = \alpha_0 + \alpha_1 commit + \beta control + \varepsilon \quad （式4-4）$$

其中，被解释变量是并购溢价（$premium$），采用并购交易金额相对标的资产账面价值的偏离来衡量；解释变量是对赌协议中的承诺增长率（$commit$）；控制变量参考陈仕华、卢昌崇（2013）[48]，吕长江、韩慧博（2014）[1]，选取了并购交易规模（$msize$）、股权收购比例（buy）、现金支付比例（$macash$）、标的公司利润增长率（$gtargetni$）、收购方总资产净利率（roa）、收购方成长性（$growth$）、收购方资产规模（$lnta$）以及行业和年度的虚拟变量。除此之外，还针对对赌协议中是否约定超额业绩奖励进行研究，按是否双向对赌（$twoway$）进行分组回归。

为验证假设4-2，采用以下模型进行检验：

$$premium = \alpha_0 + \alpha_1 da + \alpha_2 commit + \alpha_3 da\_commit + \beta control + \varepsilon$$

$$（式4-5）$$

其中，被解释变量（$premium$）为并购溢价，解释变量分别是标的公司并购前盈余管理（da）、承诺增长率（$commit$）以及两者的交乘项，控制变量与式4-4一致。

以上模型中涉及的变量定义如表4-1所示。

表4-1 变量定义

变量类型	变量符号	变量名称	变量定义
被解释变量	$premium$	并购溢价	并购交易金额/标的资产账面价值 -1
解释变量	$commit$	承诺增长率	对赌期间承诺净利润同比增长率的平均值
	da	盈余管理	并购前标的公司的可操纵性应计利润

续表

变量类型	变量符号	变量名称	变量定义
分组变量	twoway	是否双向对赌	若对赌协议约定了超额业绩奖励，则赋值1，否则赋值0
控制变量	msize	并购交易规模	并购交易金额的自然对数
	buy	股权收购比例	收购标的公司的股权比例
	macash	现金支付比例	现金支付金额/并购交易金额
	gtargetni	标的公司利润增长率	标的公司并购前一年净利润/并购前两年净利润 −1
	roa	收购方总资产净利率	收购方并购前一年净利润 *2/（期初总资产 + 期末总资产）
	growth	收购方成长性	收购方并购前一年营业总收入/并购前两年营业总收入 −1
	lnta	收购方资产规模	收购方并购前一年总资产的自然对数

注：表中"并购前"是指定增并购预案首次公告日之前。

4.3 实证结果与分析

4.3.1 描述性统计

表4−2报告了样本的描述性统计结果。并购溢价（premium）的平均值为7.059，说明整体上并购价格超过标的资产账面价值约7倍，最高者以56倍溢价收购，但也存在一些折价收购的案例。承诺增长率（commit）的平均值为0.266，说明标的公司承诺对赌期内的净利润以26.6%的速度增长，但也有部分公司较为保守，承诺增长率为负值。双向对赌（twoway）的平均值为0.254，说明约有四分之一的对赌协议约定了超额业绩奖励。标的公司并购前盈余管理（da）的平均值为0.141，说明多数标的公司倾向于实施正向的盈余管理，少数公司走负向盈余管理的不寻常路。股权收购比例（buy）的平均值为0.907，说明多数上市公司取得了标的公司的控制权。标的公司利润增长率（gtargetni）的

平均值为 1.153，最大值超过 85 倍，最小值低于 -55 倍，说明标的公司的成长性差异较大，其中有部分标的公司的经营状态并不稳定，经查阅公告后发现这可能是由于部分标的公司属于初创期，其收入、现金流状况均异于成熟期的公司，所以呈现出快速增长或快速下滑的不稳定态势。

表 4-2 描述性统计结果

变量	观测值	平均值	标准差	最小值	最大值
$premium$	985	7.059	9.264	-0.532	56.009
$commit$	985	0.266	0.213	-0.438	1.663
da	944	0.141	0.561	-2.479	2.719
$twoway$	985	0.254	0.435	0.000	1.000
$msize$	985	20.359	1.180	16.195	23.629
buy	985	0.907	0.186	0.162	1.000
$macash$	985	0.221	0.241	0.000	1.000
$gtargetni$	985	1.153	11.595	-55.224	85.787
roa	985	0.048	0.057	-0.170	0.260
$growth$	985	0.165	0.822	-6.450	3.196
$lnta$	985	21.436	1.009	19.371	25.102

4.3.2 回归结果

表 4-3 报告了承诺增长率与并购溢价的回归结果。第（1）列承诺增长率（$commit$）的系数在 1% 水平上显著为正，说明承诺增长率越高，则并购溢价越高。控制变量（$macash$）的系数为正，意味着现金支付比例越高，则并购溢价越高，与葛伟杰等（2014）[213]针对 2008—2011 年并购事件研究发现股份支付相对于现金支付会有更高的并购溢价不符。产生这种差异的原因可能在于，2012 年后逐渐兴起的定增并购事件与以往传统并购事件具有本质的区别，上市公司采用的并购支付方式发生了较大的变化，以往较多采用现金支付，而后来股份支付越来越受到青睐，这一点从描述性统计也可以看出，现金支付比例的均值只

表4-3 承诺增长率与并购溢价的回归结果

变量	全样本 （1） *premium*	双向对赌 （2） *premium*	单向对赌 （3） *premium*
commit	5.642***	8.434	5.285***
	(4.255)	(1.600)	(4.228)
msize	0.684**	2.272**	0.549**
	(2.556)	(2.494)	(2.113)
buy	-1.146	-11.137**	0.248
	(-0.677)	(-2.024)	(0.150)
macash	6.964***	12.693***	4.873***
	(5.595)	(3.579)	(3.865)
gtargetni	0.014	-0.027	0.062**
	(0.582)	(-0.593)	(2.137)
roa	-2.700	-34.161**	9.018
	(-0.489)	(-2.428)	(1.585)
growth	0.224	0.042	0.396
	(0.625)	(0.045)	(1.090)
lnta	-1.542***	-2.165**	-1.455***
	(-4.893)	(-2.239)	(-4.675)
_cons	22.013**	8.247	21.892**
	(2.460)	(0.316)	(2.469)
行业	已控制	已控制	已控制
年度	已控制	已控制	已控制
N	985	250	735
Adj_R^2	0.116	0.122	0.123
F	5.033	2.387	4.231

注：＊＊＊、＊＊、＊分别表示在1%、5%和10%的水平上显著，括号内的数据为 t 值。

有22.1%。支付手段影响并购溢价的成因，除了现有研究讨论过的内幕消息泄露导致收购方股价提前上涨而含有较大水分、股份锁定期导致可交易性损失之外，还可能是由于近年兴起的定增并购模式帮助上市公司快速注入优质资产实现跨越式增长，使得预案公告后股价快速上涨。这样的例子并不鲜见，如华谊兄弟（300027.SZ）公告定增并购银汉科技后，股价立马迎来三个涨停。因此，标的公司售股股东更希望获得股份对价，以便今后能坐享股价大幅增值的财富效应，而当上市公司以现金支付时，则必须给予较高的溢价。

由于部分对赌协议设置了超额业绩奖励条款，该条款要求收购方在标的公司实际业绩超过承诺水平的情况下向特定人员（通常是标的公司管理层、承诺方）支付现金或股份作为奖励，也就是说，该条款使得收购方最终支付的并购交易对价不再是固定的，标的公司业绩越高，实际支付的并购对价越高，因此，该条款可能会影响业绩承诺与并购溢价之间的关系。据此，按照对赌协议是否存在超额业绩奖励条款将样本划分为双向对赌和单向对赌两组，重新进行回归，结果如表4-3第（2）～（3）列所示。从 commit 的系数可以发现，在单向对赌的情况下，承诺增长率越高，则并购溢价越高；而在双向对赌的情况下，承诺增长率的回归系数变得不再显著。这些结果说明，在单向对赌的情况下，高承诺增长率更容易抬高并购交易价格；而在双向对赌的情况下，收购方有可能需要支付后续价款，因此，并购溢价与承诺增长率之间的关系相对更弱。

为了印证这一点，翻查了证券交易所关于对赌并购事件的部分问询函以及上市公司的相应回复，发现对赌协议中的超额业绩奖励条款是否影响并购交易价格以及相应的会计处理方法是交易所关注的重点。在蓝黛传动（002754.SZ）收购台冠科技[①]、沙钢股份（002075.SZ）收购 Global Switch[②] 等案例中，交易所均要求上市公司针对业绩奖励是否影响并购价格这一问题进行解释，这些公司大多表示交易中的定价是以预评估结果为定价依据，由交易双方协商确定，业绩奖励条款对标的公司进行收益法预评估过程以及交易作价确定过程没有影响。在会计处理方面，按照中国证监会会计部《2013年上市公司年报会计监管报告》对

[①] 相关公告详见：http://news.windin.com/ns/bulletin.php?code=385EDB59F2EA&id=98022634&type=1。

[②] 相关公告详见：http://news.windin.com/ns/bulletin.php?code=99FF5747E8D4&id=97647032&type=1。

企业合并交易中的业绩奖励问题的相关意见①，上市公司应结合相关安排的性质、安排的目的来确定支付的款项，并据此进行相应的会计处理。在卓翼科技（002369.SZ）收购腾鑫精密的案例中②，卓翼科技认为："本次超额业绩奖励的实质是针对业绩补偿方和标的公司主要经营管理团队，为了获取这些个人在未来期间的服务而支付，从而适用'职工薪酬准则'，不属于企业合并的或有对价。"由此来看，资本市场在实践中更倾向于认为双向对赌的激励、薪酬性质大于对价性质，亦印证了本书的研究结论。

表4-4报告了盈余管理影响承诺增长率与并购溢价的回归结果。第（1）列全样本回归中 da 的系数不显著，但第（2）～（3）列区分盈余管理的方向后，发现在正向盈余管理的情况下，da 的系数在1%水平上显著为正；在负向盈余管理的情况下，da 的系数在1%水平上显著为负，说明无论方向是正还是负，盈余管理的程度越高，则并购溢价越高。第（4）列、（7）列加入盈余管理（da）与承诺增长率（$commit$）的交乘项进行回归后，发现交乘项的系数均在5%水平上显著为正，说明正向盈余管理程度越高，承诺增长率对并购溢价的正向影响越强，而负向盈余管理程度越高，承诺增长率对并购溢价的正向影响越弱。在进一步区分了双向对赌与单向对赌后，发现正向盈余管理的调节作用在双向对赌的情况下更为显著，而负向盈余管理的调节作用在单向对赌的情况下更为显著。

---

① 根据中国证监会会计部《2013年上市公司年报会计监管报告》对企业合并交易中的业绩奖励问题的相关意见，"存在此类安排时，上市公司应考虑其支付给这些个人的款项，是针对其股东身份、为了取得其持有的被收购企业权益而支付的合并成本，还是针对其高管身份、为了获取这些个人在未来期间的服务而支付的职工薪酬。上市公司应结合相关安排的性质、安排的目的，确定支付的款项并据此进行相应的会计处理"，"通常情况下，如果款项的支付以相关人员未来期间的任职为条件，那么相关款项很可能是职工薪酬而不是企业合并的合并成本"。

② 相关公告详见：http://news.windin.com/ns/bulletin.php?code=890920DCE40B&id=97263426&type=1。

表4-4 标的公司盈余管理影响承诺增长率与并购溢价的回归结果

变量	全样本 (1) premium	正向盈余管理 (2) premium	负向盈余管理 (3) premium	正向盈余管理			负向盈余管理		
				对赌 (4) premium	双向对赌 (5) premium	单向对赌 (6) premium	对赌 (7) premium	双向对赌 (8) premium	单向对赌 (9) premium
da	0.588 (1.106)	5.607*** (8.053)	-5.387*** (-5.338)	1.657 (0.878)	-5.173 (-1.053)	5.865*** (2.770)	-8.247*** (-5.154)	-11.064 (-1.005)	-10.059*** (-3.727)
commit				2.037 (1.046)	5.257 (0.595)	3.048 (1.571)	4.620 (1.241)	5.596 (0.229)	6.026* (1.970)
da_commit				14.890*** (2.236)	36.966** (2.019)	5.428 (0.770)	7.673*** (2.308)	17.296 (0.445)	14.931* (1.966)
msize	0.611** (2.199)	0.724** (2.310)	1.044** (2.033)	0.662** (2.128)	1.712* (1.779)	0.505 (1.569)	1.038* (1.969)	1.834 (0.782)	1.105** (2.559)
buy	-0.663 (-0.376)	-2.411 (-1.225)	0.841 (0.259)	-2.160 (-1.106)	-16.647*** (-2.871)	0.706 (0.345)	0.913 (0.283)	14.317 (0.943)	-1.130 (-0.451)
macash	6.711*** (5.191)	5.562*** (3.978)	3.443 (1.305)	5.812*** (4.189)	10.181*** (2.900)	4.511*** (2.947)	2.791 (1.060)	26.879** (2.401)	-1.492 (-0.709)
gtargetni	0.025 (0.981)	0.064** (2.492)	-0.157*** (-2.688)	0.066*** (2.601)	0.145*** (2.954)	0.039 (1.307)	-0.134** (-2.282)	-0.172 (-1.640)	0.024 (0.231)

续表

变量	全样本 (1) premium	正向盈余管理 (2) premium	负向盈余管理 (3) premium	正向盈余管理				负向盈余管理		
				对赌 (4) premium	双向对赌 (5) premium	单向对赌 (6) premium		对赌 (7) premium	双向对赌 (8) premium	单向对赌 (9) premium
roa	−3.685	−7.655	3.957	−7.164	−39.154***	4.279		3.908	−55.854	12.275
	(−0.647)	(−1.255)	(0.347)	(−1.185)	(−2.807)	(0.636)		(0.345)	(−1.520)	(1.251)
growth	0.139	0.073	0.024	0.061	0.038	0.056		0.019	1.917	2.250**
	(0.377)	(0.185)	(0.033)	(0.155)	(0.030)	(0.142)		(0.027)	(1.254)	(2.544)
lnta	−1.459***	−1.094***	−2.279***	−1.079***	−1.373	−0.932**		−2.398***	−7.188**	−1.699***
	(−4.474)	(−3.177)	(−3.350)	(−3.163)	(−1.484)	(−2.575)		(−3.543)	(−2.454)	(−3.129)
_cons	22.025**	13.012	28.677	13.447	7.647	11.600		31.202	96.165	17.762
	(2.381)	(1.316)	(1.377)	(1.372)	(0.309)	(1.101)		(1.496)	(1.273)	(1.078)
行业	已控制	已控制	已控制	已控制	已控制	已控制		已控制	已控制	已控制
年度	已控制	已控制	已控制	已控制	已控制	已控制		已控制	已控制	已控制
N	944	710	234	710	179	531		234	61	173
Adj_R^2	0.097	0.186	0.293	0.201	0.252	0.206		0.304	0.291	0.263
F	4.166	6.397	4.011	6.560	3.310	5.308		3.995	2.229	2.857

注：***、**、*分别表示在1%、5%和10%的水平上显著，括号内的数据为 t 值。

4.4 稳健性检验

为确保假设 4-1 的研究结果可靠，进行了以下稳健性检验：①选取是否跨行业并购 multiind 和标的公司并购前一年总资产自然对数 asset 作为工具变量，采用两阶段最小二乘法（IV+2SLS）进行回归，结果如表 4-5 第（1）列所示；②按照 commit 的大小对样本进行排序，取 75% 以上和 25% 以下的两组样本重新进行回归，结果如表 4-5 第（2）列所示；③将并购溢价的计算方法改为"评估价值/账面价值-1"，得到 premium2，以及将并购溢价按行业标准化处理，得到 spremium，重新回归后结果如表 4-5 第（3）~（4）列所示。从表 4-5 中承诺增长率的系数来看，承诺增长率（commit）的系数始终在 1% 水平上显著为正，说明假设 4-1 的回归结果具有稳健性。

表 4-5 承诺增长率与并购溢价的稳健性检验

变量	IV+2SLS (1) premium	筛选样本 (2) premium	替换被解释变量	
			(3) premium	(4) premium
commit	187.537***	5.594***	4.873***	0.728***
	(3.803)	(4.261)	(3.920)	(4.861)
msize	2.033	0.729**	0.619**	0.080***
	(1.639)	(2.038)	(2.468)	(2.641)
buy	-8.812	-2.038	-0.274	-0.212
	(-1.139)	(-0.946)	(-0.172)	(-1.104)
macash	12.445**	5.800***	6.845***	0.623***
	(2.234)	(3.294)	(5.817)	(4.437)
gtargetni	-0.079	0.084**	0.009	-0.000
	(-0.705)	(2.009)	(0.399)	(-0.117)
roa	1.715	-6.233	0.780	0.050
	(0.071)	(-0.889)	(0.151)	(0.080)
growth	-1.159	0.042	0.233	0.069*

续表

变量	IV+2SLS (1) premium	筛选样本 (2) premium	替换被解释变量	
			(3) premium	(4) premium
	(-0.709)	(0.076)	(0.695)	(1.706)
lnta	-1.599	-1.554***	-1.508***	-0.177***
	(-1.226)	(-3.714)	(-5.104)	(-4.961)
_cons	-44.163	23.739**	22.202***	2.472**
	(-1.146)	(2.098)	(2.645)	(2.423)
行业	已控制	已控制	已控制	已控制
年度	已控制	已控制	已控制	已控制
N	962	489	981	974
Adj_R^2		0.110	0.125	0.050
F 或 Wald Chi^2	14.461	2.948	5.372	2.638

注：***、**、*分别表示在1%、5%和10%的水平上显著，括号内的数据为 t 值。

为确保假设4-2的研究结果可靠，与假设4-1的稳健性检验类似：①选取是否跨行业并购 multiind 和标的公司并购前一年总资产自然对数 asset 作为工具变量，采用两阶段最小二乘法（IV+2SLS）进行回归，结果如表4-6第（1）～（2）列所示；②分别在正向和负向盈余管理的样本中，按照 da 的大小对样本进行排序，取75%以上和25%以下的两组样本重新进行回归，结果如表4-6第（3）～（6）列所示；③将并购溢价的计算方法改为"评估价值/账面价值-1"，得到 premium2，以及将并购溢价按行业标准化处理，得到 spremium，重新回归后，结果如表4-7所示。相关结果显示，除了在筛选样本中的负向盈余管理交乘项变得不显著（也许是由于筛选后样本量太少影响了回归结果），其他结果基本与前文一致，说明假设4-2的回归结果基本稳健。

表4-6 标的公司盈余管理与并购溢价的稳健性检验-IV、样本筛选

变量	IV + 2SLS		样本筛选			
	正向 (1) *premium*	负向 (2) *premium*	正向 (3) *premium*	(4) *premium*	负向 (5) *premium*	(6) *premium*
da	23.521***	-19.181***	4.715***	-0.290	-5.053***	-7.474***
	(10.541)	(-6.957)	(5.344)	(-0.125)	(-4.271)	(-3.794)
commit				-0.815		0.650
				(-0.248)		(0.099)
da_commit				18.860**		5.574
				(2.323)		(1.249)
msize	1.122***	1.547**	1.140**	0.991*	0.942	0.642
	(2.585)	(2.276)	(2.166)	(1.883)	(1.316)	(0.812)
buy	-5.346**	0.848	-1.005	0.031	1.369	2.213
	(-1.963)	(0.205)	(-0.305)	(0.009)	(0.264)	(0.426)
macash	0.935	0.109	7.375***	7.687***	8.497**	7.779*
	(0.466)	(0.030)	(3.287)	(3.447)	(2.098)	(1.920)
gtargetni	0.015	-0.028	0.053	0.060*	-0.182***	-0.161**
	(0.400)	(-0.333)	(1.570)	(1.756)	(-2.872)	(-2.520)
roa	-5.659	12.721	-0.517	1.232	-10.976	-13.300
	(-0.679)	(0.867)	(-0.050)	(0.121)	(-0.652)	(-0.786)
growth	-0.092	0.057	-0.259	-0.270	-0.597	-0.519
	(-0.168)	(0.057)	(-0.409)	(-0.430)	(-0.525)	(-0.459)
lnta	0.012	-1.398*	-1.343**	-1.270**	-1.199	-1.526
	(0.026)	(-1.726)	(-2.390)	(-2.275)	(-1.042)	(-1.317)
_cons	-18.339	-0.429	11.595	12.400	14.266	26.001
	(-1.462)	(-0.019)	(0.725)	(0.781)	(0.468)	(0.815)
行业	已控制	已控制	已控制	已控制	已控制	已控制
年度	已控制	已控制	已控制	已控制	已控制	已控制
N	705	230	355	355	114	114
Adj_R^2			0.217	0.229	0.403	0.411
F 或 Wald Chi^2	111.106	48.406	4.269	4.284	3.937	3.812

注：***、**、*分别表示在1%、5%和10%的水平上显著，括号内的数据为 t 值。

表 4-7 标的公司盈余管理与并购溢价的稳健性检验：替换被解释变量

变量	正向 (1) premium2	正向 (2) premium2	负向 (3) premium2	负向 (4) premium2	正向 (5) spremium	正向 (6) spremium	负向 (7) spremium	负向 (8) spremium
da	5.639***	1.971	-5.523***	-8.541***	0.606***	0.230	-0.779***	-1.149***
	(8.834)	(1.136)	(-5.798)	(-5.674)	(8.382)	(1.173)	(-6.352)	(-5.886)
commit		1.131		5.101		0.288		0.536
		(0.632)		(1.456)		(1.428)		(1.194)
da_commit		13.842**		8.140***		1.412**		0.974**
		(2.262)		(2.603)		(2.046)		(2.419)
msize	0.633**	0.579**	1.059**	1.061**	0.086***	0.080**	0.137**	0.133**
	(2.203)	(2.027)	(2.184)	(2.140)	(2.644)	(2.461)	(2.193)	(2.090)
buy	-1.458	-1.227	1.250	1.308	-0.345*	-0.322	-0.002	0.022
	(-0.808)	(-0.684)	(0.408)	(0.430)	(-1.689)	(-1.591)	(-0.005)	(0.055)
macash	5.390***	5.600***	3.262	2.578	0.375***	0.401***	0.365	0.277
	(4.206)	(4.396)	(1.310)	(1.040)	(2.583)	(2.791)	(1.145)	(0.870)
gtargetni	0.059**	0.062***	-0.165***	-0.141**	0.005**	0.006**	-0.020***	-0.017**
	(2.521)	(2.646)	(-2.984)	(-2.544)	(2.056)	(2.137)	(-2.764)	(-2.325)

续表

变量	正向		负向		正向		负向	
	(1) premium2	(2) premium2	(3) premium2	(4) premium2	(5) spremium	(6) spremium	(7) spremium	(8) spremium
roa	-4.114	-3.659	6.701	6.664	-0.243	-0.199	0.281	0.276
	(-0.736)	(-0.659)	(0.622)	(0.626)	(-0.384)	(-0.318)	(0.204)	(0.202)
growth	0.117	0.108	-0.055	-0.060	0.043	0.041	0.045	0.045
	(0.325)	(0.302)	(-0.081)	(-0.089)	(1.039)	(1.005)	(0.516)	(0.528)
lnta	-1.081***	-1.066***	-2.137***	-2.261***	-0.136***	-0.135***	-0.233***	-0.250***
	(-3.427)	(-3.400)	(-3.326)	(-3.551)	(-3.800)	(-3.809)	(-2.828)	(-3.047)
_cons	14.182	14.595	24.716	27.215	1.641	1.670	1.494	1.873
	(1.562)	(1.619)	(1.257)	(1.387)	(1.578)	(1.622)	(0.592)	(0.742)
行业	已控制	已控制	已控制	已控制	已控制	已控制	已控制	已控制
年度	已控制	已控制	已控制	已控制	已控制	已控制	已控制	已控制
N	708	708	234	234	701	701	231	231
Adj_R^2	0.210	0.222	0.313	0.329	0.127	0.145	0.229	0.244
F	7.281	7.292	4.316	4.358	4.390	4.696	3.207	3.252

注：***、**、*分别表示在1%、5%和10%的水平上显著，括号内的数据为t值。

4.5 结论与启示

在近年来的并购交易中，为了确保基于未来收益预测的资产评估模式能保障交易双方的权益，对赌协议制度应运而生。然而，随着"高承诺、高估值、高溢价"并购交易持续升温，标的公司售股股东以不切实际的业绩承诺来换取高并购对价的迹象越来越明显，部分公司在未充分衡量自身客观条件的情况下，盲目约定不切实际的对赌条款，容易导致价值投资失效。尤其是，对赌协议增大了标的公司实施盈余管理的动机和空间，使得高溢价并购交易背后潜藏的风险更加不容忽视。

为了厘清对赌协议如何影响并购溢价，选取了 A 股上市公司 2012—2020 年公告的、签订了对赌协议的定增并购交易事件作为研究样本，手工收集上市公司公告获取对赌协议、定增并购交易和标的公司财务指标等数据，实证检验对赌协议对并购溢价的影响，发现：①对赌协议中的承诺增长率越高，则并购溢价越高，并且，在单向对赌的情况下，承诺增长率与并购溢价之间的关系更为显著，这可能是由于双向对赌条款使得收购方存在继续支付的可能性，不必立即为优质资产支付较高的价格，从而弱化了承诺增长率与并购溢价的关系。②在并购前实施的正向或负向盈余管理程度越高，则并购溢价越高，并且，正向盈余管理加强了承诺增长率与并购溢价的正相关关系，而负向盈余管理削弱了承诺增长率与并购溢价的正相关关系；正向盈余管理的调节作用在双向对赌情况下更为显著，而负向盈余管理的调节作用在单向对赌情况下更为显著。

研究结果表明，对赌协议确实存在扭曲并购交易定价的问题，较高的承诺增长率需要用较高的并购溢价来换取，而双向对赌条款则有助于纠正这种定价扭曲问题。在交易之前考察标的公司是否存在过度的盈余管理行为，将有助于上市公司正确地对标的资产进行定价。这些研究结果刻画了对赌协议影响并购溢价的内在逻辑与机理，突出了交易前标的公司盈余管理可能造成的影响，从而丰富了并购溢价成因的研究。

结合本书的研究结果，为了在当前市场环境下进一步规范对赌并购交易，避免定价不公平的并购交易损害广大投资者的利益、降低资本市场运作效率，建议监管机构：①进一步完善与对赌协议相关的制度安排，加强对高承诺、高估值并购重组的监管，对于承诺业绩和并购溢价远超同行业合理范围的并购交易加以限制，防止忽悠式重组和一锤子买卖。②强化标的公司的信息披露要求，限制标的公司盈余管理的操作空间。在本书数据收集过程中，发现未披露标的公司详细财务报表而只提供简易财务报表的交易事件不在少数，这些简易财务报表没有披露应收账款、固定资产，甚至连现金流量表也没有编制，因此，建议对标的公司并购前财务报表的信息披露提出更高的要求，从而帮助投资者甄别风险。

第5章 对赌协议与股价崩溃风险

5.1 研究假设

5.1.1 承诺增长率与股价崩溃风险

目前,关于对赌协议经济后果的研究主要从激励的角度展开,多数研究都认同对赌协议在适度业绩目标下能产生正面的经济后果,然而,对赌协议的负面后果也逐渐引起了学者的注意。业绩承诺的公司存在正向盈余管理行为(刘浩等,2011)[139],对赌后期的业绩完成情况普遍差于对赌前期(王竞达、范庆泉,2017)[140],部分标的公司做出业绩承诺只是为了拉抬自身资产评估价值,以不切实际的高业绩承诺换取高价出售,而上市公司基于顺利完成交易或利益输送等动机,也会乐于接受高业绩承诺,以刺激股价增长(高榴、袁诗淼,2017)[138]。但对赌协议中的业绩目标设定过高使得管理层经营压力较大,过分重视业绩而轻视业务结构整合,导致管理层短期行为严重,企业潜力过度开发,一旦对赌失败,还将面临控制权流失的问题(许竹,2016)[214]。项海容等(2009)[215]通过理论分析发现,不同难度的对赌目标产生的激励效应是不同的,当设置中等难度的对赌目标时,企业家的努力水平较高。潘爱玲等(2017)[2]发现,对赌协议对并购后标的公司业绩的激励效应存在先升后降的趋势。

从理论上分析,业绩承诺增长率影响股价崩溃风险可能基于以下路径。

尽管信号理论预示了劣质标的公司很难效仿优质标的公司,而只能通过低水平的对赌目标对未来业绩做出低水平的保障,但前提是标的公司真心地想要履约。假如盈利能力不足的公司通过高承诺增长率把自己伪装成优质资产,在信息不对称的情况下,收购方很难识别出标的公司的真实盈利能力。于是,标的公司真实盈利能力与承诺增长率的差距越大,则收购方的风险就越大。在并购交易后,随着时间的推移,收购方掌握的信息越来越多，标的公司的真实盈利能力越来越难以隐瞒，当负面消息暴露出来时，就会导致收购方股价大幅波动，引发股价崩溃。因此，当标的公司通过高承诺增长率蒙骗了收购方，将加剧收购方的股价崩溃风险。

激励理论指出，简单且易于实现的目标激励效果较好，如果制定过于困难的目标，激励效果反而较小，因此，低水平的对赌目标更有助于降低收购方的股价崩溃风险。这是因为，即便是低水平的对赌目标通常也高于标的公司的历史业绩水平，当标的公司基于对自身经营状况的了解制定了合适的业绩承诺增长率时，就可以有效发挥激励作用，同时，管理层为了避免业绩补偿而努力工作，从而提高了标的公司的经营业绩，即"跳一跳摘到桃"。此时，上市公司既没有支付过高的并购溢价，也不容易受到标的公司业绩拖累，股价崩溃风险也就相对较小。但是，如果出于利益输送或者恶意承诺等动机，设定了远超过同行业水平的对赌目标，此时，受资源约束、市场份额所限，标的公司的实际盈利能力并不足以支撑这样高的业绩承诺，管理层再努力也"摘不到桃"，可能就会自暴自弃、放弃目标，最终无法达成业绩目标，使标的公司成为收购方的不良资产，从而拖累收购方的业绩，引起投资者恐慌，加剧股价崩溃风险。因此，低水平的对赌目标激励效果较好，有助于降低收购方的股价崩溃风险，而过高的对赌目标则会加剧股价崩溃风险。

第一，从行为金融理论角度来看，当收购方管理层认可标的公司做出的超高承诺增长率时，可能意味着收购方管理层本身是过度自信的，高估了标的公司即将给上市公司带来的收益，无法充分认识标的公司实现高增长的困难有多大，而这笔交易如果换作是没有过度自信的管理层，则可能根本就不敢实施，因为他们对标的公司实现高增长的可能性有着清醒的认识，对对赌失败之后一系列扯皮、纠纷、诉讼所带来的损失等有着充分的估计。因此，过度自信的管理层对并购后标的公司发展中面临的负面因素不够重视，以致坏消息逐步积累。而随着时间的推移，投资者会逐渐意识到，对赌协议中的承诺增长率较高是由于管理层在过度自信的情绪下，盲目相信标的公司"画饼"而进行的过度投资，而不是真的收购了优质资产。最终，将导致收购方的股价崩溃风险上升。

第二，从委托代理理论的角度来看，管理层与股东之间存在委托代理问题。管理层以对赌目标为经营导向不一定会提升股东财富，如果对赌目标设定过高，管理层在巨大的经营压力之下会变得非常短视，无暇顾及自身内功修炼，可能会减少研发投入，走上非理性扩张之路，即便对赌目标实现了，也会透支长期成长能力、损害股东的根本利益。

进一步考虑一种极端情况，假设标的公司把对赌目标定得非常高：并购前还处于亏损状态，对赌期间却敢于承诺令人咋舌的高业绩；或者明明是一家初创企业，市场份额还很小，而承诺的业绩却远超过同行业的优秀标杆公司，这显然是非常不合理的，除非是标的公司售股股东非常迫切地想要尽快寻找接盘侠；又或者根本就是恶意承诺，希望通过高业绩承诺蒙骗收购方，先夸大其词请君入瓮卖个好价，将来业绩无法实现的时候再变更对赌条款（包括改变补偿方式、把逐年对赌变为累计对赌等）或通过其他手段逃避责任。例如，2014年粤传媒（002181.SZ）作价4.5亿元收购香榭丽传媒100%股权，彼时香榭丽的售股股东叶玫等承诺，2014—2016年香榭丽的扣非净利润分别不低于5683万元、6870万元和8156万元。然而，2014年对赌第一年业绩仅完成目标的89.3%，2015年竟然巨亏3.74亿元，导致粤传媒在法院诉讼和证监会调查问询中疲于奔命，其股价在很长时间里都未能恢复至鼎盛时期的水平。可见，当标的公司试图以超乎自身盈利能力的高业绩承诺来吸引投资者，将会加剧收购方的股价崩溃风险。

据此，提出以下假设。

H5-1：对赌协议中的承诺增长率越高，收购方的股价崩溃风险越高。

5.1.2 并购溢价与股价崩溃风险

并购溢价可能通过以下五种机制影响收购方的股价崩溃风险。

第一，管理层认知失调。假如无论并购溢价是高是低，管理层都会对好消息和坏消息予以及时披露，那么股票回报应该是对称的，也就不容易出现股价崩溃风险（Kothari et al, 2009）[154]。然而，根据心理学认知失调理论中的心血辩护（effort justification）效应，人们倾向于为自己的努力寻找理由,在一件事上付出较多,对它的态度就会越喜欢,如同人们会觉得自己养的花最漂亮、自己种的菜最好吃,因为付出的过程本身可能也是具有价值的,从而影响对最终产出的态度和判断。这种心理同样存在于收购方管理层。当收购方支付了较高的并购溢价时,更愿意把沉没成本资本化,幻想标的资产的未来现金流现值能大于真实的沉没成本。于是,当坏消息发生时,管理层更倾向于隐瞒。

第二,敢于实施高溢价并购的管理层可能是过度自信的。并购溢价意味着管理层对实施并购交易所产生的协同效应的判断,并购溢价越高,说明管理层对标的公司未来的现金流越有信心。适度的自信水平有助于管理层及时把握市场机会,但过度自信则会干扰管理层对项目价值的正确判断,在交易中表现为高估收益、低估风险,从而敢于支付较高的并购溢价,在交易后表现为相信某些风险迹象不会继续恶化,从而导致坏消息无法及时、充分地向市场传递,最终加剧了股价崩溃风险。

第三,高溢价并购可能是收购方委托代理问题严重的表征。当收购方的委托代理问题较为严重时,管理层与股东的利益冲突尖锐,为了追逐自身私利,管理层存在"营造王国"的过度投资倾向,这时,并购交易可能沦为管理层逐利的工具。以牺牲股东财富为代价支付高并购溢价只是管理层众多道德风险问题之一。在这种情况下,管理层非常清楚交易实施后可能会引发企业绩效下滑,但为了隐瞒交易带来的损失、确保交易顺利实施,管理层可能会借助信息不对称的优势,隐藏各种负面消息,造成风险的远期转移,最终加剧股价崩溃风险。

第四,并购溢价降低了会计稳健性。当上市公司为标的公司支付高额并购溢价后,就会形成大量商誉资产,降低了会计稳健性(Kim et al,2013)[216],为管理层的机会主义行为创造了条件(Kim & Zhang,2016)[217],从而加剧股价崩溃风险。

第五,信息不对称性。当并购溢价较高时,意味着标的公司可能拥有较多的内部信息,外部投资者更难确认收购价格是否真实反映了标的资产的真实价值,而上市公司与标的公司之间存在利益输送的嫌疑也更大,容易引发市场的忧虑和恐慌,加剧股价崩溃风险。

据此,提出:

H5-2a:并购溢价越高,收购方的股价崩溃风险越高。

结合第 4 章关于承诺增长率正向影响并购溢价的研究结果,进一步提出:

H5-2b:并购溢价在承诺增长率影响股价崩溃风险的过程中具有中介作用。

5.1.3　标的公司盈余管理与股价崩溃风险

盈余管理的危害早已得到广泛的论证。从长期来看,盈余管理会对公司价值产生负面影响,导致业绩下滑(逯东等,2015)[218]、加剧股价崩溃风险(Francis et al,2016[219];杨棉之、刘洋,2016[187]),并且,在公司治理机制薄弱的情况下,盈余管理对企业绩效的负面影响更强(Tang & Chang,2015)[220]。针对增发股票的公司(Teoh et al,1998[221];Rangan,1998[222];Ching et al,2006[223];田昆儒、王晓亮,2014[224])以及并购交易中收购方(Louis,2004)[225]的研究也表明,发行或并购后绩效下滑要归因于事前的盈余管理。

结合这些文献可以发现,关于盈余管理影响企业绩效与风险的讨论已经较为充分和深入,基本取得了较为一致的结论。但从研究视角来看,现有研究主要针对 IPO、增发配股、濒死企业等特定经济活动或特殊样本,或者是较为广泛地针对全体上市公司;而对于具体在并购情境中,签订了对赌协议、有履约压力的标的公司在交易前进行了盈余管理是否会影响收购方的股价崩溃风险,目前可参考的文献较少。这类样本与现有研究样本最大的区别在于,无法完成业绩承诺需要付出代价,需向收购方支付现金或股份补偿。因此,对赌期的业绩压力问题可能使得该类样本与现有研究表现存在差异,值得进一步探讨标的公司盈余管理与收购方股价崩溃风险的关系。

理论上,可以从以下两方面来论证标的公司盈余管理与收购方股价崩溃风险的关系。

第一,经过粉饰的业绩不能反映标的公司的真实盈利能力,而信息不对称是股价崩溃风险的重要成因,所以,无论标的公司盈余管理的方向是正是负,盈余管理都会导致收购方与标的公司之间面临更严重的信息不对称问题,从而加剧收购方的股价崩溃风险。由于信息的不完备性,股价往往不能完全反映上市公司的所有负面信息,这些负面信息不断累积,一旦超过阈值后就会集中爆发,将导致股价崩溃风险。从现有研究来看,上市公司的盈余管理行为会误导投资者的判断和决策(任春艳,2012)[59],并通过放大投资者与上市公司之间的信息不对称性,加剧股票错误定价(王生年、朱艳艳,2017[60];应惟伟、袁肇祥,2015[61])。作为非上市公司,标的公司财务报告的信息质量问题相对于上市公司更为严重,标的公司所实施的盈余管理行为也更加难以被投资者识别,使收购方的股价崩溃风险进一步加剧。

第二,盈余管理固然可以修饰业绩,但其自身具有成本、需要空间,不能无节制地持续进行下去。一方面,假如将盈余管理视作一种有约束的资源,当这种资源被提前预支了,后续的使用将受到限制,于是,标的公司难以依靠盈余管理长期粉饰太平,致使后期的股价崩溃风险提升。从本质上来说,盈余管理是通过改变会计方法、调整应计项目来实现对利润的操控的,但由于应收账款、应付账款等项目具有短期流动性,并不会长期、持续、实质性地改变企业的经济活动,因此,靠盈余管理影响财务绩效只能在短期内发挥作用,与承诺方希望在对赌期的三五年内持续兑现业绩的期望存在时间上的不同步性。根据盈余管理反转假说,企业提高业绩的盈余管理行为将在以后年度发生反转,表现为业绩跳水、变脸,容易引发商誉减值、股价崩溃的连锁反应。而一开始进行了负向盈余管理的标的公司,虽然尚有往上操纵盈余的空间,但这些公司也损失了在业绩较好年度实施盈余平滑的机会。

另一方面,按照信息不对称理论,当交易双方处于信息不对称的情况下,标的公司作为信息的优势方,会利用自身优势地位对业绩进行修饰,损害信息弱势的收购方;而当信息不对称程度逐渐减弱时,信息优势方的损害行为会逐渐减少。尽管标的公司在并购前有条件进行盈余管理,并且为了避免对赌协议的惩罚,在并购后的短期内仍有实施盈余管理的动机和操作空间,但是,随着时间的推移,收购方会掌握越来越多关于标的公司的信息,对其真实状况也就越来越了解,于是收购方在信息上的劣势地位开始慢慢转变。也就是说,标的公司进行盈余管理的难度越来越大了,被收购方识别的可能性也越来越大。此时,标的公司的投机行为受到了进一步的限制。

这两点就意味着，标的公司依靠盈余管理来按照既定方向调整业绩的难度越来越大：业绩表现不如预期的公司难以通过持续的正向盈余管理使业绩达标从而蒙混过关，而业绩表现太好的公司也难以通过持续的负向盈余管理平滑盈余，从而避免某一年业绩大幅超过承诺值，另一年却惨淡经营导致违约赔款。因此，无论在交易前实施了正向还是负向的盈余管理，都会使得标的公司失去对未来业绩调整的余地，加剧上市公司的股价崩溃风险。

而反过来说，目前所观测到的上市公司对赌并购后股价崩溃事件，往往与标的公司业绩不如预期导致商誉减值有关，尽管部分案例可能是某些不可抗因素所致，如行业政策法规调整、自然灾害等，但是，在确定业绩承诺值的时候，标的公司售股股东是非常了解自身情况的，并且已经基于宏观经济、行业发展前景等进行过一系列的分析研究。在这种情况下，当标的公司无法兑现承诺业绩时，并购前的财务数据是否掺假就会首先引起人们的怀疑。

据此，提出：

> H5-3a：标的公司并购前的盈余管理程度越高，收购方的股价崩溃风险越高。

结合 5.1.2 关于并购溢价可能会加剧上市公司股价崩溃风险的分析，以及第 4 章标的公司盈余管理影响并购溢价实证结果来看，还可能存在"标的公司盈余管理——并购溢价——股价崩溃风险"的传导路径。据此，进一步提出：

> H5-3b：并购溢价可能在标的公司盈余管理影响收购方股价崩溃风险的过程中发挥中介作用。

5.2 研究设计

5.2.1 样本选择与数据来源

本书以 A 股上市公司 2012—2019 年公告的、签订了对赌协议的定增并购交易事件为研究样本,选择该区间的理由是,募集资金用于股权收购的定增事件主要从 2012 年开始兴起,在 2012 年之前此类样本极少。选择有对赌的定增并购事件而非全部对赌并购事件的理由是,许多并购事件不构成关联交易、不构成《上市公司重大资产重组管理办法》规定的重大资产重组、不需要经过有关部门批准,信息披露要求较低,公告中往往只介绍收购价格等基本交易信息,不披露标的公司财务报表等详细内容,因而无法获知相关交易细节,也就无法将这些事件纳入研究,而定增并购的交易程序复杂,往往需要面临较为严格的信息披露要求,对标的公司财务报表等交易细节披露相对详尽,数据具有可获得性,从而得以进入研究样本。本书业绩承诺、并购交易数据和标的资产财务数据等从上市公司公告中手工摘取,其他数据来自同花顺 iFinD。在剔除了:①累计对赌(承诺净利润没有精确到年,而是在整个对赌期内承诺一个累计金额);②外币计价对赌业绩;③年交易周数小于 30 周的观测值(保证股价崩溃的计算结果有经济意义);④数据缺失或严重异常的观测值后,最终得到 865 个观测值(由于数据缺失、计算复杂,标的公司盈余管理观测值为 772 个)。为使研究结果不受某些极端观测值的影响,对连续变量进行了上下 1% 分位的缩尾处理。采用 Stata 14.0 软件进行数据处理。

5.2.2 关键变量的衡量

(1)股价崩溃风险。参考辛宇等(2015)[226]的做法,采用负收益偏态系数($NCSKEW$)和股票回报的涨跌波动率($DUVOL$)作为衡量公司股价崩溃风险的指标。具体地,先把股票 i 的收益率 r_{it} 和市场指数的收益率 r_{mt} 按式 5-1 进行回归得出残差,即股票收益率偏离市场收益率的程度:

$$r_{it} = \alpha_i + \beta_{1i}r_{mt-2} + \beta_{2i}r_{mt-1} + \beta_{3i}r_{mt} + \beta_{4i}r_{mt+1} + \beta_{5i}r_{mt+2} + \varepsilon_{it}$$

(式 5-1)

式中,r_{it} 是指股票 i 某一年在第 t 周的收益率,r_{mt} 是同一周股票所在版块的指数收益率。

接着,计算股票 i 在第 t 周的股票周特有收益率 W_{it}:

$$W_{it} = \ln(1 + \varepsilon_{it}) \quad \text{(式 5-2)}$$

然后，计算负收益偏态系数（$NCSKEW$）和股票回报的涨跌波动率（$DUVOL$）：

$$NCSKEW_{iT} = \frac{-n(n-1)^{\frac{3}{2}} \sum W_{it}^3}{(n-1)(n-2)(\sum W_{it}^2)^{\frac{3}{2}}} \quad \text{(式 5-3)}$$

$$DUVOL_{iT} = \log \frac{(n_u - 1) \sum_{DOWN} W_{it}^2}{(n_d - 1) \sum_{UP} W_{it}^2} \quad \text{(式 5-4)}$$

式中，n 是指股票 i 第 T 年内的交易周数，n_u、n_d 分别代表第 T 年内股票 i 的周收益率高于或低于年平均收益率的周数。$NCSKEW$、$DUVOL$ 越大，表示股价崩溃风险越大。

（2）承诺增长率。参考潘爱玲等（2017）[2]，采用对赌协议中各年度承诺净利润的同比增长率的平均值来衡量对赌协议的承诺增长率。具体按式 5-5 计算：

$$commit = \frac{1}{T-1} \sum_{2}^{T} \frac{ni_t - ni_{t-1}}{ni_{t-1}} \quad \text{(式 5-5)}$$

式中，$commit$ 是业绩承诺增长率，ni 是标的公司的承诺净利润，T 是对赌期间的年数。当 $t=2$ 时，ni_t 是指对赌第二年的承诺净利润，ni_{t-1} 是指对赌第一年的承诺净利润；以此类推。

（3）标的公司盈余管理、收购方信息不透明度。采用考虑业绩的修正琼斯模型进行衡量（苏冬蔚、林大庞，2010）[212]，如式 5-6、式 5-7 所示：

$$\frac{TA_{i,t}}{A_{i,t-1}} = \beta_0 + \beta_1 \frac{1}{A_{i,t-1}} + \beta_2 \frac{\Delta REV_{i,t}}{A_{i,t-1}} + \beta_3 \frac{PPE_{i,t}}{A_{i,t-1}} - \beta_4 ROA_{i,t} + \xi_{i,t}$$

$$\text{(式 5-6)}$$

$$DA_{i,t} = \frac{TA_{i,t}}{A_{i,t-1}} - \hat{\beta}_0 - \hat{\beta}_1 \frac{1}{A_{i,t-1}} - \hat{\beta}_2 \left(\frac{\Delta REV_{i,t}}{A_{i,t-1}} - \frac{\Delta REC_{i,t}}{A_{i,t-1}} \right) - \hat{\beta}_3 \frac{PPE_{i,t}}{A_{i,t-1}} - \hat{\beta}_4 ROA_{i,t}$$

$$\text{(式 5-7)}$$

其中，$TA_{i,t} = (\Delta CA_{i,t} - \Delta CASH_{i,t}) - (\Delta CL_{i,t} - \Delta CLD_{i,t}) - DEP_{i,t}$，$\Delta CA_{i,t}$ 为流动资产增加额，$\Delta CASH_{i,t}$ 为现金及现金等价物增加额，$\Delta CL_{i,t}$ 为流动负债增加额，$\Delta CLD_{i,t}$ 为一年内到期的长期负债增加额，$DEP_{i,t}$ 为折旧和摊销成本，$A_{i,t-1}$ 为上年度总资产，$\Delta REV_{i,t}$ 为销售收入增加额，$\Delta REC_{i,t}$ 为

应收账款净值增加额，$PPE_{i,t}$ 为固定资产，$ROA_{i,t}$ 为总资产净利率，$DA_{i,t}$ 为应计盈余管理。

5.2.3 模型构建

为验证假设 5-1，采用以下模型进行检验：

$$f1\_crashrisk = \alpha_0 + \alpha_1 commit + \beta control + \varepsilon \quad (式 5-8)$$

其中，被解释变量是股价崩溃风险，采用上市公司并购公告后第一年的负收益偏态系数 $f1\_ncskew$ 以及股票回报的涨跌波动率 $f1\_duvol$ 来衡量；解释变量是对赌协议中的业绩承诺增长率（commit）；控制变量参考罗进辉、杜兴强（2014）[227]，王化成等（2015）[228]，顾小龙等（2015）[229]的研究，选取了并购公告当年的负收益偏态系数（ncskew）、股票回报的涨跌波动率（duvol）、超额换手率（oturnover）、股票周特有收益率均值（rw）、股票周特有收益率标准差（sigw）、收购方信息不透明度（em）、公司规模（lnta）、总资产收益率（roa）以及行业和年度的虚拟变量。除此之外，还针对对赌协议中是否约定超额业绩奖励进行研究，按是否双向对赌（twoway）进行分组回归。

为验证假设 5-2，采用以下模型进行检验：

$$f1\_crashrisk = \alpha_0 + \alpha_1 premium + \alpha_2 commit + \beta control + \varepsilon$$
$$(式 5-9)$$

其中，被解释变量是股价崩溃风险，采用上市公司并购公告后第一年的负收益偏态系数 $f1\_ncskew$ 以及股票回报的涨跌波动率 $f1\_duvol$ 来衡量，解释变量 premium 为并购溢价，commit 为承诺增长率，控制变量与式 5-8 一致。

为验证假设 5-3，采用以下模型进行检验：

$$f1\_crashrisk = \alpha_0 + \alpha_1 da + \alpha_2 premium + \beta control + \varepsilon \quad (式 5-10)$$

其中，被解释变量是股价崩溃风险，采用上市公司并购公告后第一年的负收益偏态系数 $f1\_ncskew$ 以及股票回报的涨跌波动率 $f1\_duvol$ 来衡量，解释变量 da 为并购前标的公司盈余管理，premium 为并购溢价，控制变量与式 5-8 一致。

以上模型中涉及的变量定义如表 5-1 所示。

表 5-1 变量定义

变量类型	变量符号	变量名称	变量定义
被解释变量	$f1\_ncskew$	负收益偏态系数	并购后第一年 $ncskew$，计算方法如前文所述
	$f1\_duvol$	股票回报的涨跌波动率	并购后第一年 $duvol$，计算方法如前文所述
解释变量	$commit$	承诺增长率	对赌期间承诺净利润同比增长率的平均值
	$premium$	并购溢价	并购交易金额/标的资产账面价值 -1
	da	标的公司盈余管理	并购前标的公司的可操纵性应计利润
分组变量	$twoway$	是否双向对赌	若对赌协议约定了超额业绩奖励，则赋值1，否则赋值0
控制变量	$ncskew$	负收益偏态系数	并购当年 $ncskew$，计算方法如前文所述
	$duvol$	股票回报的涨跌波动率	并购当年 $duvol$，计算方法如前文所述
	$oturnover$	超额换手率	并购当年日均换手率 $-$ 并购前一年日均换手率
	rw	股票周特有收益率均值	并购当年收购方股票周特有收益率的算术平均值
	$sigw$	股票周特有收益率标准差	并购当年收购方股票周特有收益率的标准差
	em	信息不透明度	并购当年收购方的可操纵性应计利润

续表

变量类型	变量符号	变量名称	变量定义
控制变量	lnta	公司规模	并购当年收购方总资产的自然对数
	roa	总资产收益率	并购当年收购方净利润/总资产

注：表中"并购当年"是指定增并购预案首次公告日当年，"并购后第一年"是指定增并购预案首次公告日的下一年，"并购前一年"是指定增并购预案首次公告日的前一年。

5.3 实证结果与分析

5.3.1 描述性统计

表 5-2 报告了样本的描述性统计结果。并购后第一年股价崩溃风险 $f1\_ncskew$、$f1\_duvol$ 的平均值相对预案公告当年略有上升，意味着尽管签订了对赌协议，上市公司的股价崩溃风险整体上并未出现明显下降；承诺增长率（$commit$）的平均值为 23.4%，最高达到 150%，但也不乏部分较为保守的公司，承诺增长率为负；是否双向对赌（$twoway$）的平均值为 0.255，说明在签订对赌协议的定增并购事件中约有四分之一约定了超额业绩奖励条款；并购溢价（$premium$）的平均值为 6.534，说明并购交易价格超过标的资产账面净值约 6.5 倍，最高者超过 56 倍，但也存在部分折价交易的观测值。标的公司盈余管理（da）的平均值为 0.146，说明标的公司倾向于在并购前实施正向盈余管理多于实施负向盈余管理。

表 5-2 描述性统计结果

变量	观测值	平均值	标准差	最小值	最大值
$f1\_ncskew$	865	-0.224	0.691	-2.631	1.548
$f1\_duvol$	865	-0.256	0.693	-1.930	1.473
$commit$	865	0.234	0.154	-0.110	1.500
$twoway$	865	0.255	0.436	0.000	1.000

续表

变量	观测值	平均值	标准差	最小值	最大值
premium	865	6.534	8.704	-0.532	56.009
da	772	0.146	0.506	-1.684	2.645
ncskew	865	-0.374	0.846	-3.283	3.175
duvol	865	-0.425	0.815	-3.003	2.623
oturnover	865	0.265	3.001	-14.437	16.190
rw	865	-0.003	0.003	-0.016	0.021
sigw	865	0.072	0.030	0.011	0.152
em	865	0.014	0.068	-0.249	0.421
lnta	865	21.767	1.035	19.486	25.865
roa	865	0.045	0.050	-0.258	0.221

5.3.2 回归结果

表5-3报告了承诺增长率与股价崩溃风险的回归结果。第（1）～（2）列全样本回归中，承诺增长率（*commit*）的系数在5%水平上显著为正，说明随着承诺增长率的上升，股价崩溃风险越来越高。由于在双向对赌情况下，超额完成业绩的标的公司管理层将获得奖励，相较于只能发挥约束作用的单向对赌条款，这一机制相当于把管理层的薪酬与标的公司业绩进行了挂钩，使得标的公司管理层与收购方之间的利益关系趋于一致，缓解了委托代理问题。荣麟、朱启贵（2018）[118]的研究也表明，双向对赌的激励效果更好。这预示着，双向对赌条款使标的公司管理层完成对赌目标的动机变得更强、业绩下滑的可能性降低，可能有助于降低收购方的股价崩溃风险。为了验证这一点，将样本划分为双向对赌和单向对赌两组后重新进行回归，结果如表5-3第（3）～（6）列所示。从承诺增长率的系数可以发现，在双向对赌的情况下，承诺增长率与股价崩溃风险的关系不显著；而在单向对赌的情况下，承诺增长率越高，股价崩溃风险越高。这些结果说明，双向对赌的激励效果确实更好，使得标的公司更有动力兑现业绩承诺，于是承诺增长率与股价崩溃风险之间的关系不再显著。

表 5-3 承诺增长率与股价崩溃风险的回归结果

变量	全样本		双向对赌		单向对赌	
	(1) $f1\_ncskew$	(2) $f1\_duvol$	(3) $f1\_ncskew$	(4) $f1\_duvol$	(5) $f1\_ncskew$	(6) $f1\_duvol$
$commit$	0.324**	0.318**	-0.564	-0.631	0.446***	0.448***
	(2.058)	(2.004)	(-1.150)	(-1.279)	(2.646)	(2.636)
$ncskew$	0.012		-0.067		0.030	
	(0.428)		(-0.948)		(0.931)	
$duvol$		0.023		-0.081		0.044
		(0.750)		(-1.142)		(1.299)
$oturnover$	-0.009	-0.008	-0.015	-0.018	-0.006	-0.005
	(-1.020)	(-0.907)	(-0.790)	(-0.950)	(-0.596)	(-0.432)
rw	0.686	7.520	5.917	10.608	7.707	28.294
	(0.050)	(0.548)	(0.349)	(0.624)	(0.195)	(0.708)
$sigw$	1.947	2.117	0.014	0.977	3.050	4.087
	(1.128)	(1.221)	(0.004)	(0.306)	(0.847)	(1.126)
em	0.177	0.007	-0.598	-0.639	0.255	0.055
	(0.505)	(0.020)	(-0.664)	(-0.705)	(0.668)	(0.143)
$lnta$	-0.053**	-0.051**	-0.054	-0.057	-0.049*	-0.046
	(-2.121)	(-2.022)	(-0.791)	(-0.831)	(-1.755)	(-1.631)
roa	-0.028	0.067	-1.630	-1.887	0.423	0.585
	(-0.057)	(0.133)	(-1.420)	(-1.635)	(0.753)	(1.032)
$\_cons$	-0.034	0.023	1.580	1.417	-0.656	-0.580
	(-0.055)	(0.037)	(1.029)	(0.916)	(-0.936)	(-0.821)
行业	已控制	已控制	已控制	已控制	已控制	已控制
年度	已控制	已控制	已控制	已控制	已控制	已控制
N	865	865	221	221	644	644
Adj_R^2	0.074	0.068	0.017	0.014	0.114	0.090
F	2.924	2.739	0.882	1.098	3.298	2.776

注：***、**、*分别表示在1%、5%和10%的水平上显著，括号内的数据为 t 值。

表 5-4 报告了并购溢价影响股价崩溃风险的回归结果。第 (1) ~ (2) 列 premium 的系数显著为正,说明并购溢价越高,股价崩溃风险越高。第 (3) ~ (4) 列加入 commit 进行回归后,发现 premium 的系数仍然显著为正,commit 的系数小于表 5-3 第 (1) ~ (2) 列的系数,结合第 4 章承诺增长率正向影响并购溢价的实证结果,说明并购溢价在承诺增长率影响股价崩溃风险的过程中发挥了部分中介作用。

表 5-4 并购溢价影响股价崩溃风险的回归结果

变量	(1) f1_ncskew	(2) f1_duvol	(3) f1_ncskew	(4) f1_duvol
premium	0.007**	0.007**	0.006**	0.006**
	(2.485)	(2.282)	(2.207)	(2.010)
commit			0.272*	0.270*
			(1.714)	(1.688)
ncskew	0.014		0.012	
	(0.500)		(0.417)	
duvol		0.025		0.023
		(0.818)		(0.747)
oturnover	-0.008	-0.007	-0.008	-0.007
	(-0.855)	(-0.752)	(-0.894)	(-0.791)
rw	3.343	9.975	2.730	9.401
	(0.244)	(0.725)	(0.200)	(0.684)
sigw	1.958	2.133	1.840	2.021
	(1.136)	(1.232)	(1.068)	(1.168)
em	0.285	0.110	0.241	0.066
	(0.815)	(0.314)	(0.688)	(0.188)
lnta	-0.051**	-0.050*	-0.049**	-0.048*
	(-2.044)	(-1.957)	(-1.965)	(-1.878)
roa	-0.053	0.043	-0.028	0.067
	(-0.106)	(0.085)	(-0.055)	(0.134)
_cons	-0.054	0.010	-0.111	-0.047

续表

变量	(1) f1_ncskew	(2) f1_duvol	(3) f1_ncskew	(4) f1_duvol
	(-0.087)	(0.015)	(-0.179)	(-0.076)
行业	已控制	已控制	已控制	已控制
年度	已控制	已控制	已控制	已控制
N	865	865	865	865
Adj_R^2	0.076	0.069	0.079	0.071
F	2.984	2.776	2.990	2.784

注：***、**、*分别表示在1%、5%和10%的水平上显著，括号内的数据为 t 值。

表5-5报告了标的公司并购前盈余管理影响股价崩溃风险的回归结果。第（1）～（2）列的全样本回归中，盈余管理（da）的系数显著为正，说明在不区分盈余管理的方向时，标的公司可操纵性应计利润越大，则收购方的股价崩溃风险越高。第（3）～（6）列按照标的公司盈余管理的方向进行分组回归后发现，无论是正向盈余管理还是负向盈余管理，标的公司盈余管理程度越高，则收购方股价崩溃风险越高，这符合信息不对称视角下股价崩溃风险成因的理论预期。结合第4章正向或者负向盈余管理都会提高并购溢价的实证结果，这也有可能是因为标的公司盈余管理提高了并购溢价，从而加剧了股价崩溃风险。为此，需要进一步考察并购溢价是否在盈余管理影响股价崩溃风险过程中发挥中介作用，具体地，回归第（7）～（10）列加入了并购溢价，发现 $premium$ 的系数变得不显著，说明并购溢价没有发挥中介作用。标的公司盈余管理主要是降低了会计信息质量，使上市公司与投资者之间的信息不对称问题更加严重，从而加剧了股价崩溃风险，而并非使收购方支付了不合理的并购对价而引起风险。

表 5-5 标的公司盈余管理影响股价崩溃风险的回归结果

变量	全样本		正向盈余管理		负向盈余管理		正向盈余管理		负向盈余管理	
	(1) f1_ncskew	(2) f1_duvol	(3) f1_ncskew	(4) f1_duvol	(5) f1_ncskew	(6) f1_duvol	(7) f1_ncskew	(8) f1_duvol	(9) f1_ncskew	(10) f1_duvol
da	0.140***	0.122**	0.202***	0.187***	-0.262**	-0.277**	0.174**	0.164**	-0.210	-0.238*
	(2.779)	(2.395)	(3.102)	(2.802)	(-2.065)	(-2.252)	(2.543)	(2.327)	(-1.541)	(-1.800)
premium	0.009						0.005	0.004	0.007	0.005
	(0.250)						(1.282)	(1.062)	(1.076)	(0.814)
ncskew		0.014	0.020		-0.010		0.019		-0.003	
		(0.424)	(0.524)		(-0.156)		(0.501)		(-0.041)	
duvol				0.007		0.028		0.007		0.032
				(0.176)		(0.446)		(0.184)		(0.505)
oturnover	-0.009	-0.008	-0.006	-0.005	-0.010	-0.006	-0.006	-0.005	-0.005	-0.003
	(-0.922)	(-0.805)	(-0.553)	(-0.443)	(-0.536)	(-0.345)	(-0.553)	(-0.442)	(-0.266)	(-0.146)
rw	4.440	11.878	-13.845	-6.445	96.786	120.183**	-11.648	-4.549	98.216*	121.214**
	(0.250)	(0.667)	(-0.729)	(-0.331)	(1.648)	(2.107)	(-0.611)	(-0.233)	(1.673)	(2.122)
sigw	2.284	2.321	0.118	0.228	12.700**	13.570**	0.226	0.334	12.191**	13.194**
	(1.133)	(1.149)	(0.052)	(0.099)	(2.169)	(2.386)	(0.100)	(0.145)	(2.077)	(2.310)

第5章 对赌协议与股价崩溃风险

续表

变量	全样本		正向盈余管理		负向盈余管理		正向盈余管理		负向盈余管理	
	(1) fl_ncskew	(2) fl_duvol	(3) fl_ncskew	(4) fl_duvol	(5) fl_ncskew	(6) fl_duvol	(7) fl_ncskew	(8) fl_duvol	(9) fl_ncskew	(10) fl_duvol
em	0.237	0.128	0.108	0.006	1.251	0.968	0.163	0.053	1.181	0.918
	(0.632)	(0.339)	(0.245)	(0.014)	(1.501)	(1.196)	(0.369)	(0.117)	(1.414)	(1.130)
lnta	−0.059**	−0.055*	−0.040	−0.034	−0.076	−0.077	−0.038	−0.032	−0.071	−0.073
	(−2.122)	(−1.959)	(−1.250)	(−1.043)	(−1.131)	(−1.173)	(−1.185)	(−0.986)	(−1.062)	(−1.119)
roa	−0.502	−0.578	0.053	−0.112	−0.962	−0.730	0.080	−0.090	−1.107	−0.832
	(−0.937)	(−1.072)	(0.088)	(−0.181)	(−0.758)	(−0.592)	(0.132)	(−0.145)	(−0.868)	(−0.671)
_cons	0.222	0.185	0.456	0.280	−0.977	−0.654	0.414	0.241	−1.004	−0.677
	(0.321)	(0.266)	(0.563)	(0.336)	(−0.572)	(−0.394)	(0.510)	(0.289)	(−0.588)	(−0.407)
行业	已控制	已控制	已控制	已控制	已控制	已控制	已控制	已控制	已控制	已控制
年度	已控制	已控制	已控制	已控制	已控制	已控制	已控制	已控制	已控制	已控制
N	772	772	570	570	202	202	570	570	202	202
Adj_R^2	0.061	0.058	0.039	0.037	0.163	0.141	0.040	0.037	0.164	0.139
F	2.437	2.367	1.663	1.623	2.152	1.971	1.664	1.610	2.126	1.930

注：***、**、*分别表示在1%、5%和10%的水平上显著，括号内的数据为t值。

5.4 进一步讨论

以上内容讨论了对赌协议影响股价崩溃风险的机制，但未考虑其中可能存在的利益输送问题。按照现行法规，大股东参与并购将会受到更为严格的监管，其目的就在于防范利益输送问题。那么，高承诺、高溢价所引发的股价崩溃风险是否意味着大股东利用对赌并购开展了利益输送？

回顾现有研究，大股东参与并购究竟是掏空还是支持尚未得到一致的结论。一方面，基于委托代理问题的视角，大股东参与并购具有较强的掏空动机。其证据在于，在非关联交易中第一大股东的持股比例与并购重组短期绩效正相关，而在关联交易中这一关系不显著（杨柔坚，2016）[230]。大股东可以利用多种手段掏空上市公司，最直接的是通过关联交易等方式注入劣质资产、输出优质资产（Shleifer & Vishny, 1997）[231]，并令上市公司高价买入、低价卖出（Chang, 2003）[232]。为了做到这一点，大股东会操纵标的资产的定价（陈骏、徐玉德，2012[233]；李姣姣、干胜道，2015[234]），导致非正常评估增值率提高（叶陈刚等，2018）[235]、上市公司市场绩效变差（宋顺林、翟进步，2014）[236]。为了更加便于开展投机活动，大股东还会向高管输送利益并与其合谋（蒋弘、刘星，2012）[237]。而即便大股东偶尔可能存在短暂的支持行为，也只是为今后进一步掏空作铺垫（Cheung et al, 2009[238]；Lei & Song, 2011[239]）。

另一方面，基于信息传递的视角，大股东参与并购可以在交易双方之间构建网络关系，提升信息沟通效率，由此形成信息传递优势，从而降低双方的信息不对称程度。例如，并购交易双方之间的网络联结关系可以促进双方的沟通，提升收购方的价值（Cai & Sevilir, 2012）[240]。关联并购中的信息传递优势，可以对收购方的公司价值产生促进作用，且信息不对称程度越高时，这种信息传递效应越明显（巫岑、唐清泉，2016）[241]。

结合这些研究可以发现，从大股东侵占的角度解释大股东参与并购的文献较多，但也有部分研究验证了大股东参与并购的支持效应，说明大股东参与并购并不总是表现出掏空或者支持的倾向。

从理论上分析，大股东参与并购能否化解并购后的股价崩溃风险主要取决于控制权私有收益和控制权共享收益的比较。一方面，第二类委托代理问题预示了，大股东有能力通过参与并购转移上市公司资产，侵占中小股东利益，特别是在当前中国上市公司股权高度集中、股权制衡机制较弱的情况下，并购交易容易沦为大股东侵占中小股东的工具。由于众多备选的标的公司往往是非上市公司，盈利能力等相关信息缺乏透明度，上市公司缺乏其他的信息验证渠道，更容易对被大股东持股的其他公司产生熟悉性偏差，而忽视当中存在的风险。尤为重要的是，大股东在参与并购的过程中，可以主导资产评估机构的聘用并与之合谋，从而得到对自己有利的评估结果，实现利益输送。此外，第一类委托代理问题预示了，当并购交易给管理层带来的价值增加大于给企业造成价值损失转嫁于自身的成本时，管理层将非常乐意实施这样的并购交易，并将之视为快速扩张企业规模的捷径，从而满足自身"营造王国"的动机，于是，大股东便有机会通过与管理层合谋来实现掏空目的。

另一方面，大股东参与并购时虽然可以通过高溢价交易直接受益，但上市公司支付过高溢价而导致并购绩效低下也会间接性损害大股东自身的利益。基于控制权理论，这实际上就是大股东控制权共享收益和私有收益之间的博弈，当控制权私有收益超过所能获得的控制权共享收益时，大股东会放弃共享收益，损害中小股东利益。

于是，基于大股东掏空与支持的视角，进一步讨论大股东参与并购将如何影响对赌并购后的股价崩溃风险。具体地，按照大股东是否参与并购对样本进行分组，然后分别在两组样本中以承诺增长率（$commit$）、并购溢价（$premium$）以及标的公司盈余管理（da）对股价崩溃风险进行回归，结果如表5-6至表5-8所示。

其中，大股东是指持有上市公司股份比例超过5%的股东。实践中，为了避免受到重点监管和媒体质疑从而更隐蔽地实现利益输送，大股东直接作为并购交易对方参与上市公司并购交易的案例较少，而大股东关联方参与并购交易的情况往往更为常见，所以，本书讨论的大股东参与并购，不仅包括大股东直接参与上市公司的并购交易，还包括大股东关联方参与上市公司的并购交易。根据这一定义，通过阅读上市公司公告，手工收集数据并判断该交易案例是否属于大股东参与并购[①]。

从表5-6至表5-8中解释变量的回归系数可以发现，在大股东不参与的情况下，承诺增长率（commit）、标的公司盈余管理（da）对股价崩溃风险的影响相对更为显著，似乎意味着大股东参与并购具有支持效应。但是，在大股东参与的情况下，并购溢价（premium）对股价崩溃风险的影响相对更为显著。考虑到被解释变量的定义是并购后第一年的股价崩溃风险，这种矛盾的结果可能是由于，大股东为了避免出现对赌违约赔付，可以利用自身对上市公司的影响力，使标的公司在并购后仍然具有较强的盈余管理能力，通过拼凑业绩强行兑现业绩承诺，所以在并购完成后的短时间内，股价崩溃风险较低，但实际上这是一个相当危险的信号。从这一角度来看，并购溢价更能反映大股东参与并购究竟是掏空效应还是支持效应。在今后的研究中，可以考察收购方在更长时间维度的股价崩溃风险，以便进一步反映大股东的掏空或支持效果。

表5-6 大股东参与影响承诺增长率与股价崩溃风险的回归结果

变量	大股东参与		大股东不参与	
	（1） f1_ncskew	（2） f1_duvol	（3） f1_ncskew	（4） f1_duvol
commit	0.057	0.030	0.904***	0.951***
	(0.310)	(0.160)	(3.039)	(3.125)
ncskew	0.018		0.054	
	(0.512)		(0.992)	
duvol		0.026		0.045
		(0.685)		(0.790)
oturnover	-0.013	-0.010	0.012	0.009
	(-1.109)	(-0.855)	(0.774)	(0.580)

---

① 按照相关法规，上市公司必须披露关联交易的情况。如果在公告中出现"本次交易的交易对方×××为公司的控股股东，……本次吸收合并涉及的对象包括AAA及其股东BBB、CCC。AAA系本公司的控股股东，BBB系本公司的实际控制人，CCC系持有本公司5%以上股份的股东。因此，本次吸收合并构成关联交易"等类似的表述，则判定大股东参与此次并购。如果公告中的相关信息显示并购交易对方不包括大股东及其关联方，或者完全没有提及并购交易构成关联交易时，则判定大股东没有参与并购。

续表

变量	大股东参与		大股东不参与	
	(1) $f1\_ncskew$	(2) $f1\_duvol$	(3) $f1\_ncskew$	(4) $f1\_duvol$
rw	6.454	9.708	-35.842	4.093
	(0.449)	(0.674)	(-0.808)	(0.090)
$sigw$	2.061	2.238	-0.300	1.318
	(1.067)	(1.155)	(-0.071)	(0.302)
em	-0.403	-0.537	0.920	0.706
	(-1.000)	(-1.328)	(1.257)	(0.942)
$lnta$	-0.043	-0.042	-0.135**	-0.135**
	(-1.505)	(-1.465)	(-2.426)	(-2.368)
roa	-0.572	-0.522	1.331	1.608
	(-0.994)	(-0.901)	(1.349)	(1.594)
$\_cons$	-0.543	-0.421	2.433*	2.402*
	(-0.749)	(-0.579)	(1.851)	(1.788)
行业	已控制	已控制	已控制	已控制
年度	已控制	已控制	已控制	已控制
N	572	572	293	293
Adj_R^2	0.109	0.090	0.108	0.096
F	3.005	2.623	2.135	1.996

注：***、**、*分别表示在1%、5%和10%的水平上显著，括号内的数据为 t 值。

表5-7 大股东参与影响并购溢价与股价崩溃风险的回归结果

变量	大股东参与		大股东不参与	
	(1) $f1\_ncskew$	(2) $f1\_duvol$	(3) $f1\_ncskew$	(4) $f1\_duvol$
$premium$	0.007**	0.006*	0.008	0.007
	(2.084)	(1.833)	(1.473)	(1.380)
$ncskew$		0.027		0.050

续表

变量	大股东参与		大股东不参与	
	(1) $f1\_ncskew$	(2) $f1\_duvol$	(3) $f1\_ncskew$	(4) $f1\_duvol$
		(0.720)		(0.867)
$duvol$	0.019		0.061	
	(0.549)		(1.122)	
$oturnover$	-0.013	-0.010	0.017	0.014
	(-1.159)	(-0.900)	(1.100)	(0.898)
rw	8.979	11.940	-19.212	21.540
	(0.625)	(0.828)	(-0.429)	(0.470)
$sigw$	2.091	2.258	0.386	2.076
	(1.088)	(1.169)	(0.090)	(0.469)
em	-0.353	-0.497	1.063	0.843
	(-0.884)	(-1.235)	(1.420)	(1.097)
$lnta$	-0.035	-0.035	-0.139**	-0.138**
	(-1.221)	(-1.202)	(-2.449)	(-2.375)
roa	-0.520	-0.474	1.041	1.323
	(-0.905)	(-0.821)	(1.039)	(1.289)
$\_cons$	-0.727	-0.593	2.573*	2.518*
	(-1.002)	(-0.813)	(1.922)	(1.838)
行业	已控制	已控制	已控制	已控制
年度	已控制	已控制	已控制	已控制
N	572	572	293	293
Adj_R^2	0.116	0.096	0.084	0.069
F	3.150	2.734	1.859	1.693

注：＊＊＊、＊＊、＊分别表示在1％、5％和10％的水平上显著，括号内的数据为t值。

第5章 对赌协议与股价崩溃风险

表 5-8 大股东参与影响标的公司盈余管理与股价崩溃风险的回归结果

变量	正向盈余管理				负向盈余管理			
	大股东参与		大股东不参与		大股东参与		大股东不参与	
	(1) f1_ncskew	(2) f1_duvol	(3) f1_ncskew	(4) f1_duvol	(5) f1_ncskew	(6) f1_duvol	(7) f1_ncskew	(8) f1_duvol
da	0.090	0.060	0.384***	0.404***	-0.163	-0.145	-0.560**	-0.619**
	(1.173)	(0.746)	(3.259)	(3.366)	(-1.062)	(-1.019)	(-2.300)	(-2.452)
ncskew	0.047		0.080		-0.031		0.163	
	(1.059)		(1.083)		(-0.425)		(1.240)	
duvol		0.028		0.074		-0.016		0.227
		(0.587)		(0.984)		(-0.232)		(1.663)
oturnover	-0.004	-0.001	0.009	0.007	-0.027	-0.025	0.082**	0.085**
	(-0.294)	(-0.096)	(0.409)	(0.335)	(-1.205)	(-1.189)	(2.428)	(2.422)
rw	-7.901	-0.803	-112.880	-86.623	176.997**	183.617***	83.390	97.744
	(-0.414)	(-0.041)	(-0.861)	(-0.643)	(2.454)	(2.736)	(0.353)	(0.401)
sigw	0.303	0.846	-9.172	-8.686	17.371**	16.874**	14.227	13.726
	(0.124)	(0.334)	(-0.853)	(-0.788)	(2.434)	(2.537)	(0.658)	(0.613)
em	-0.592	-0.698	0.924	0.846	1.892**	1.492*	-0.405	-0.139

123

续表

变量	正向盈余管理				负向盈余管理			
	大股东参与		大股东不参与		大股东参与		大股东不参与	
	(1) f1_ncskew	(2) f1_duvol	(3) f1_ncskew	(4) f1_duvol	(5) f1_ncskew	(6) f1_duvol	(7) f1_ncskew	(8) f1_duvol
lnta	-0.017 (-1.207)	-0.015 (-1.365)	-0.115 (-0.912)	-0.093 (0.819)	-0.054 (2.169)	-0.050 (1.838)	-0.594*** (-0.200)	-0.686*** (-0.066)
roa	-0.025 (-0.478)	-0.218 (-0.410)	0.861 (-1.526)	0.809 (-1.204)	-2.958* (-0.746)	-0.745 (-3.040**)	-3.228 (-2.719***)	-3.185 (-2.968)
_cons	-0.695 (-0.038)	-0.821 (-0.317)	3.890** (0.574)	3.381* (0.529)	-0.098 (-1.872)	-2.071** (-0.265)	9.002* (-1.458)	11.758** (-1.363)
	(-0.762)	(-0.865)	(2.048)	(1.748)	(-0.055)	(-0.158)	(1.817)	(2.250)
行业	已控制	已控制	已控制	已控制	已控制	已控制	已控制	已控制
年度	已控制	已控制	已控制	已控制	已控制	已控制	已控制	已控制
N	382	382	188	188	136	136	66	66
Adj_R²	0.061	0.053	0.152	0.126	0.273	0.262	0.350	0.300
F	1.707	1.612	2.193	1.967	2.539	2.450	2.296	2.030

注：***、**、*分别表示在1%、5%和10%的水平上显著，括号内的数据为t值。

5.5 稳健性检验

为确保假设 5-1 的研究结果可靠，进行了以下稳健性检验：①选取是否跨行业并购 multiind 与标的公司并购前一年总资产的自然对数 asset 作为工具变量，采用两阶段最小二乘法（IV+2SLS）进行回归，结果如表 5-9 第（1）～（2）列所示；②对股价崩溃风险取一阶差分得到 $\Delta ncskew$ 以及 $\Delta duvol$（即 f1_ncskew 与 ncskew 之差、f1_duvol 与 duvol 之差）作为被解释变量进行回归，结果如表 5-9（3）～（4）列所示；③按照标的公司并购前一年总资产净利率（targetroa）的中位数将样本分为两组重新进行回归，结果如表 5-9 第（5）～（8）列所示。从表 5-9 的回归结果来看，承诺增长率越高，股价崩溃风险越高，并且，在标的公司总资产净利率较低的情况下，承诺增长率对股价崩溃风险的影响更为显著，说明假设 5-1 的研究结果具有稳健性。

为确保假设 5-2 的研究结果可靠，进行了以下稳健性检验：①对股价崩溃风险取一阶差分得到 $\Delta ncskew$ 以及 $\Delta duvol$ 作为被解释变量进行回归，结果如表 5-10 第（1）～（2）列所示；②将并购溢价按行业标准化处理，得到 spremium 后重新回归，结果如表 5-10 第（3）～（4）列所示；③按照并购交易中是否使用了现金进行支付将样本分为两组重新进行回归，结果如表 5-10 第（5）～（8）列所示。从表 5-10 的回归结果来看，并购溢价越高，股价崩溃风险也越高，并且在现金支付的情况下，并购溢价对股价崩溃风险的影响更显著。这些结果说明假设 5-2 的研究结果具有稳健性。

为确保假设 5-3 的研究结果可靠，进行了以下稳健性检验：①选取是否跨行业并购 multiind 与标的公司并购前一年总资产的自然对数 asset 作为工具变量，采用两阶段最小二乘法（IV+2SLS）进行回归，结果如表 5-11 第（1）～（4）列所示；②对股价崩溃风险取一阶差分得到 $\Delta ncskew$ 以及 $\Delta duvol$ 作为被解释变量进行回归，结果如表 5-11 第（5）～（8）列所示；③按照并购溢价的中位数将样本分为两组重新进行回归，结果如表 5-12 所示。从表 5-11 的回归结果来看，正向盈余管理水平越高，股价崩溃风险越高；在工具变量回归下负向盈余管理水平与股价崩溃风险的关系变得不显著，在差分回归中，负向盈余管理水

表 5-9 承诺增长率与股价崩溃风险的稳健性检验

变量	IV+2SLS		差分回归		标的业绩好		标的业绩差	
	(1) f1_ncskew	(2) f1_duvol	(3) Δncskew	(4) Δduvol	(5) f1_ncskew	(6) f1_duvol	(7) f1_ncskew	(8) f1_duvol
commit	3.502**	3.361*	0.324**	0.318**	0.219	0.062	0.408**	0.458**
	(1.998)	(1.940)	(2.058)	(2.004)	(0.702)	(0.196)	(2.174)	(2.438)
ncskew	-0.039		-0.988***		0.024		-0.032	
	(-1.048)		(-34.112)		(0.568)		(-0.779)	
duvol		-0.022		-0.977***		0.011		-0.008
		(-0.589)		(-32.361)		(0.243)		(-0.189)
oturnover	-0.014	-0.014	-0.009	-0.008	0.001	0.000	-0.016	-0.014
	(-1.324)	(-1.319)	(-1.020)	(-0.907)	(0.110)	(-0.021)	(-1.212)	(-1.107)
rw	-8.864	-3.040	0.686	7.520	-8.059	2.972	27.554	19.765
	(-0.565)	(-0.196)	(0.050)	(0.548)	(-0.507)	(0.186)	(0.877)	(0.628)
sigw	-0.658	-0.405	1.947	2.117	2.165	2.750	1.808	0.635
	(-0.338)	(-0.210)	(1.128)	(1.221)	(0.937)	(1.185)	(0.557)	(0.194)
em	-0.318	-0.497	0.177	0.007	0.407	0.421	0.283	0.031
	(-0.643)	(-1.010)	(0.505)	(0.020)	(0.707)	(0.728)	(0.619)	(0.068)

续表

变量	IV+2SLS		差分回归		标的业绩好		标的业绩差	
	(1) f1_ncskew	(2) f1_duvol	(3) Δncskew	(4) Δduvol	(5) f1_ncskew	(6) f1_duvol	(7) f1_ncskew	(8) f1_duvol
$lnta$	-0.035	-0.031	-0.053**	-0.051**	-0.029	-0.015	-0.060*	-0.064*
	(-1.090)	(-0.967)	(-2.121)	(-2.022)	(-0.684)	(-0.358)	(-1.805)	(-1.923)
roa	0.385	0.462	-0.028	0.067	-0.434	-0.444	0.329	0.316
	(0.622)	(0.751)	(-0.057)	(0.133)	(-0.636)	(-0.646)	(0.416)	(0.399)
_cons	-0.463	-0.485	-0.034	0.023	-0.255	-0.408	-0.113	0.117
	(-0.544)	(-0.575)	(-0.055)	(0.037)	(-0.260)	(-0.413)	(-0.129)	(0.134)
行业	已控制	已控制	已控制	已控制	已控制	已控制	已控制	已控制
年度	已控制	已控制	已控制	已控制	已控制	已控制	已控制	已控制
N	865	865	865	865	433	433	432	432
Adj_R^2	76.972	72.424	0.624	0.596	0.058	0.063	0.102	0.088
F或$Wald\ Chi^2$	76.972	72.424	40.900	36.339	1.733	1.804	2.394	2.181

注：***、**、*分别表示在1%、5%和10%的水平上显著，括号内的数据为t值。

表 5-10 并购溢价与股价崩溃风险的稳健性检验

变量	差分回归		替换解释变量		股份支付		现金支付	
	(1) Δncskew	(2) Δduvol	(3) f1_ncskew	(4) f1_duvol	(5) f1_ncskew	(6) f1_duvol	(7) f1_ncskew	(8) f1_duvol
premium	0.007**	0.007**					0.006**	0.007**
	(2.485)	(2.282)					(1.990)	(2.019)
spremium			0.051**	0.049**	0.008	0.006		
			(2.093)	(2.014)	(1.202)	(0.929)		
ncskew	-0.986***		0.015		-0.008		0.001	
	(-34.121)		(0.513)		(-0.181)		(0.021)	
duvol		-0.975***		0.026		0.008		-0.005
		(-32.347)		(0.852)		(0.167)		(-0.121)
oturnover	-0.008	-0.007	-0.008	-0.007	-0.074***	-0.073***	0.007	0.006
	(-0.855)	(-0.752)	(-0.883)	(-0.740)	(-3.751)	(-3.719)	(0.689)	(0.591)
rw	3.343	9.975	0.967	7.618	60.198	62.450	3.123	8.586
	(0.244)	(0.725)	(0.071)	(0.559)	(0.781)	(0.818)	(0.225)	(0.603)
sigw	1.958	2.133	1.757	2.005	9.618	9.321	0.269	0.475
	(1.136)	(1.232)	(1.015)	(1.156)	(1.435)	(1.407)	(0.132)	(0.227)

续表

变量	差分回归		替换解释变量				股份支付		现金支付	
	(1) Δncskew	(2) Δduvol	(3) fl_ncskew	(4) fl_duvol	(5) fl_ncskew	(6) fl_duvol	(7) fl_ncskew	(8) fl_duvol
em	0.285	0.110	0.375	0.178	-0.000	-0.325	0.259	0.325
	(0.815)	(0.314)	(1.059)	(0.499)	(-0.000)	(-0.608)	(0.543)	(0.662)
lnta	-0.051**	-0.050*	-0.044*	-0.041	-0.038	-0.041	-0.058	-0.050
	(-2.044)	(-1.957)	(-1.756)	(-1.619)	(-1.019)	(-1.128)	(-1.614)	(-1.352)
roa	-0.053	0.043	0.014	0.152	0.035	0.079	0.313	0.433
	(-0.106)	(0.085)	(0.028)	(0.303)	(0.047)	(0.106)	(0.473)	(0.636)
_cons	-0.054	0.010	-0.521	-0.484	-0.920	-0.642	1.185	0.817
	(-0.087)	(0.015)	(-0.829)	(-0.767)	(-0.983)	(-0.695)	(1.324)	(0.887)
行业	已控制	已控制	已控制	已控制	已控制	已控制	已控制	已控制
年度	已控制	已控制	已控制	已控制	已控制	已控制	已控制	已控制
N	865	865	846	846	330	330	535	535
Adj_R^2	0.625	0.596	0.095	0.087	0.225	0.179	0.044	0.050
F	41.049	36.424	3.613	3.375	3.816	3.113	1.708	1.809

注：***、**、*分别表示在1%、5%和10%的水平上显著，括号内的数据为 t 值。

表 5 - 11　标的公司盈余管理与股价崩溃风险的稳健性检验：工具变量与差分回归

	IV + 2SLS				差分回归			
	正向盈余管理		负向盈余管理		正向盈余管理		负向盈余管理	
变量	(1) f1_ncskew	(2) f1_duvol	(3) f1_ncskew	(4) f1_duvol	(5) Δncskew	(6) Δduvol	(7) Δncskew	(8) Δduvol
da	0.483**	0.502**	-0.234	-0.272	0.202***	0.187***	-0.262**	-0.277**
	(2.485)	(2.501)	(-0.858)	(-1.009)	(3.102)	(2.802)	(-2.065)	(-2.252)
ncskew	-0.014		0.001		-0.980***		-1.010***	
	(-0.396)		(0.019)		(-26.332)		(-15.919)	
duvol		-0.017		0.038		-0.993***		-0.972***
		(-0.453)		(0.640)		(-25.540)		(-15.466)
oturnover	-0.012	-0.011	-0.006	-0.003	-0.006	-0.005	-0.010	-0.006
	(-1.132)	(-0.955)	(-0.347)	(-0.155)	(-0.553)	(-0.443)	(-0.536)	(-0.345)
rw	-16.347	-10.048	72.995*	55.624	-13.845	-6.445	96.786	120.183**
	(-0.913)	(-0.546)	(1.821)	(1.413)	(-0.729)	(-0.331)	(1.648)	(2.107)
sigw	-1.740	-1.343	11.635***	8.829**	0.118	0.228	12.700**	13.570**
	(-0.860)	(-0.646)	(2.934)	(2.268)	(0.052)	(0.099)	(2.169)	(2.386)
em	0.147	0.032	1.320*	0.997	0.108	0.006	1.251	0.968

续表

变量	IV + 2SLS				差分回归			
	正向盈余管理		负向盈余管理		正向盈余管理		负向盈余管理	
	(1) *f1_ncskew*	(2) *f1_duvol*	(3) *f1_ncskew*	(4) *f1_duvol*	(5) Δ*ncskew*	(6) Δ*duvol*	(7) Δ*ncskew*	(8) Δ*duvol*
lnta	-0.045 (0.341)	-0.032 (0.071)	-0.094* (1.726)	-0.108** (1.328)	-0.245 (0.040)	-0.014 (0.034)	-1.501 (0.076)	-1.196 (0.077)
	(-1.499)	(-1.032)	(-1.785)	(-2.095)	(-1.250)	(-1.043)	(-1.131)	(-1.173)
roa	0.188 (0.313)	0.065 (0.105)	-1.226 (-1.043)	-0.907 (-0.786)	0.053 (0.088)	-0.112 (-0.181)	-0.962 (-0.758)	-0.730 (-0.592)
_cons	0.478 (0.626)	0.132 (0.168)	0.656 (0.503)	1.000 (0.781)	0.456 (0.563)	0.280 (0.336)	-0.977 (-0.572)	-0.654 (-0.394)
行业	已控制	已控制	已控制	已控制	已控制	已控制	已控制	已控制
年度	已控制	已控制	已控制	已控制	已控制	已控制	已控制	已控制
N	570	570	202	202	570	570	202	202
Adj_R^2	6.175	6.253	0.736	1.017	0.609	0.583	0.667	0.644
F 或 $Wald\ Chi^2$					26.287	23.722	12.836	11.688

注：***、**、* 分别表示在 1%、5% 和 10% 的水平上显著，括号内的数据为 t 值。

表 5-12 标的公司盈余管理与股价崩溃风险的稳健性检验：分组回归

变量	并购溢价较高					并购溢价较低			
	正向盈余管理		负向盈余管理		正向盈余管理		负向盈余管理	
	(1) f1_ncskew	(2) f1_duvol	(3) f1_ncskew	(4) f1_duvol	(5) f1_ncskew	(6) f1_duvol	(7) f1_ncskew	(8) f1_duvol
da	0.165**	0.138*	-0.370***	-0.371***	0.164	0.198	0.439	0.410
	(2.291)	(1.904)	(-2.683)	(-2.850)	(0.824)	(0.957)	(1.182)	(1.061)
ncskew	0.039		0.084		-0.002		-0.037	
	(0.777)		(1.126)		(-0.027)		(-0.312)	
duvol		0.008		0.100		-0.000		0.029
		(0.151)		(1.395)		(-0.001)		(0.236)
oturnover	0.010	0.012	-0.000	-0.000	-0.022	-0.021	-0.040	-0.029
	(0.701)	(0.850)	(-0.004)	(-0.003)	(-1.154)	(-1.026)	(-1.168)	(-0.814)
rw	-36.317*	-29.317	102.306	123.701*	25.116	27.394	84.361	100.074
	(-1.678)	(-1.352)	(1.545)	(1.966)	(0.659)	(0.692)	(0.730)	(0.835)
sigw	-3.976	-3.609	9.924	10.731	4.630	3.648	11.940	12.190
	(-1.389)	(-1.262)	(1.351)	(1.539)	(1.162)	(0.883)	(1.122)	(1.107)
em	-0.309	-0.321	1.718	1.362	0.464	0.358	0.279	-0.036

续表

变量	并购溢价较高				并购溢价较低			
	正向盈余管理		负向盈余管理		正向盈余管理		负向盈余管理	
	(1) fl_ncskew	(2) fl_duvol	(3) fl_ncskew	(4) fl_duvol	(5) fl_ncskew	(6) fl_duvol	(7) fl_ncskew	(8) fl_duvol
lnta	-0.027 (-0.546)	-0.016 (-0.320)	-0.112 (-1.189)	-0.108 (-1.215)	-0.054 (-1.217)	-0.059 (-1.268)	-0.045 (-0.423)	-0.056 (-0.515)
roa	-0.162 (-0.219)	-0.379 (-0.511)	-1.063 (-0.734)	-0.827 (-0.602)	1.051 (0.932)	0.952 (0.812)	-0.487 (-0.210)	-0.820 (-0.341)
_cons	-0.300 (-0.229)	-0.524 (-0.398)	2.038 (0.890)	1.922 (0.884)	0.544 (0.483)	0.603 (0.516)	-3.070 (-1.202)	-1.844 (-0.698)
行业	已控制	已控制	已控制	已控制	已控制	已控制	已控制	已控制
年度	已控制	已控制	已控制	已控制	已控制	已控制	已控制	已控制
N	284	284	101	101	286	286	101	101
Adj_R^2	0.093	0.118	0.214	0.248	0.032	0.018	0.261	0.127
F	1.880	2.150	1.974	2.175	1.267	1.152	2.102	1.454

注：***、**、*分别表示在1%、5%和10%的水平上显著，括号内的数据为 t 值。

平越高，股价崩溃风险越高。从表5-12的结果来看，在并购溢价较高的情况下，盈余管理对股价崩溃风险的影响更为显著，正向或者负向盈余管理程度越高，则股价崩溃风险越高。这些结果说明正向盈余管理影响股价崩溃风险的结果是较为可靠的，但负向盈余管理在工具变量回归中不显著，结果存在一定的不稳健性。

5.6 结论与启示

目前，现有研究从理论层面及实证层面验证了对赌协议的激励效应，发现对赌协议有助于提升管理层的努力水平及并购绩效。但是，如果标的公司售股股东过度自信，设定一个遥不可及的目标，甚至为了吸引投资者、提高被收购的机会，不惜恶意承诺，是否反而会给收购方带来风险呢？为此，本书选取A股上市公司2012—2019年公告的、签订了对赌协议的定增并购交易事件为研究样本，手工收集上市公司公告获取对赌协议和定增并购交易等数据，通过负收益偏态系数（NCSKEW）和股票回报的涨跌波动率（DUVOL）两个指标衡量股价崩溃风险，探讨业绩承诺增长率对股价崩溃风险的影响。

研究结果表明，业绩承诺增长率与股价崩溃风险正相关，意味着承诺增长率越高，则股价崩溃风险越高。按照是否双向对赌进行分组回归后发现，在单向对赌的情况下，承诺增长率与股价崩溃风险之间的关系仍然正向显著；而在双向对赌的情况下，承诺增长率与股价崩溃风险之间的关系变得不再显著，这可能是由于双向对赌合约存在并购对价动态调整的可能性，从而降低了收购方与标的公司管理层之间的委托代理问题。

进一步考察并购溢价、标的公司盈余管理对收购方股价崩溃风险的影响，发现两者皆对股价崩溃风险存在正向的影响，其中，并购溢价在承诺增长率影响股价崩溃风险的过程中发挥中介作用，标的公司盈余管理则主要通过降低信息披露质量、加剧信息不对称程度而非影响并购对价导致股价崩溃风险加剧。

按照大股东是否参与并购进行分组回归后发现，在大股东不参与并购的情况下，承诺增长率和标的公司盈余管理对收购方股价崩溃风险的影响更为显著，但是，在大股东参与的情况下，并购溢价对股价崩溃风险的影响更为显著。这些结果表明，大股东参与并购存在复杂的利益问题，虽然在短期内不能得到大股东掏空侵占上市公司的确切证据，但他们可以利用自身对上市公司的影响力，将风险向远期转移。

上述研究结果意味着，对赌协议存在有限激励效应，超出正常范围的对赌目标反而会加剧收购方的股价崩溃风险，而在对赌协议影响股价崩溃风险的过程中，并购溢价是重要的中间环节。设置合理的对赌目标和合理的并购交易价格是降低并购后股价崩溃风险的重要手段。

根据本书的研究结果，合理地运用对赌协议这一契约工具，将有助于降低上市公司的并购风险，保护交易参与者的利益。建议证券监管部门进一步完善与对赌协议相关的制度安排，加大对并购后履约情况的监管，提高标的公司的违约成本，以防止并购后标的公司随意变更对赌条款；同时应强化信息披露制度，要求上市公司在对赌期间持续披露标的公司资产业绩实现情况，随时披露可能影响履约情况的事项，使风险在突发事件出现时得以及时释放，避免风险积累到无以复加的地步而突然大规模爆发。上市公司和市场广大投资者也应提高风险防范意识，加强对标的公司盈利水平的甄别能力，理性对待对赌协议，避免过度乐观地相信不切实际的对赌目标，警惕高业绩对赌过后的股价崩溃风险。

第6章 股价高估、业绩承诺与业绩实现

6.1 研究假设

6.1.1 股价高估与承诺增长率

股价高估会影响企业的并购决策。根据 Shleifer & Vishny（2003）[8]、Rhodes-Kropf & Viswanathan（2004）[30]、Rhodes-Kropf 等（2005）[242]所提出的并购市场时机理论，认为股价高估会促进并购交易活跃，上市公司可以通过收购价值相对低估的资产提高股东财富。但随后的研究表明，股价高估的收购方支付了更高的并购溢价，市场公告反应显著更差（Dong et al，2006）[16]，长期绩效也大大低于股价高估却没有进行收购的公司，因此，管理层并不能通过股份支付使股东获益（Akbulut，2013）[17]。Petmezas（2009）[243]则认为这是由于投资者发现，收购方发起并购并非是认真地进行了价值评估后找到了价值低估的资产，而是在股价高估的驱动下产生并购的迫切感，促使投资者变得悲观起来，使得股价下滑。特别是，估值过高的收购方不仅支付了过高的并购对价，还无法带来协同效应，这种现象在公司治理问题严重的收购方中较为突出，获取高额薪酬（而非创造股东财富）更像是股价高估公司的管理层实施并购的主要动机（Fu et al，2013）[18]。

国内研究亦表明，股价高估会使上市公司产生扩大投资的冲动（李君平、徐龙炳，2015[244]；屈文洲等，2016[245]），这种影响在控股股东持股比例高的情况下更明显（罗琦、贺娟，2015）[246]，表现为上市公司倾向于过度投资（张静、王生年，2016）[247]，更容易进行大规模的非效率并购投资（唐蓓，2010）[248]。

从这些研究来看，股价高估确实会对上市公司的并购决策造成重大影响。那么，在对赌并购的交易情景中，股价高估具有何种影响呢？

从行为金融理论角度来看，当上市公司股价高估时，意味着市场对公司未来的发展前景较为看好，向管理层传递积极的信号，容易使管理

层产生过度自信的心理,让他们确信自己可以在并购中获得成功,而忽视了潜在的风险与阻力。此时,管理层会更加轻易地相信标的公司所做出的业绩承诺,对标的公司虚高的业绩承诺水平和盈利能力过度乐观(窦炜等,2019)[249],难以充分认识标的公司实现高增长的困难有多大,并且认为自己可以较好地掌控并购后的企业文化冲突、人力资源整合、业务协同管理等问题。相反地,非过度自信的管理层可能并不敢实施这样的并购,因为他们对标的公司实现高增长的可能性具有更加清醒的认识,并且能理性地预期到业绩违约后将带来的一系列扯皮、纠纷、诉讼。

此外,股价高估会使管理层产生扩大投资、迎合投资者的迫切感。这一点将可能导致两方面的经济后果:一是管理层基于高度的自信水平,毫不怀疑自身对并购交易的掌控能力,更希望实施大规模的并购交易,认为"低承诺、低估值、低溢价"的并购交易并不能体现自身对公司价值的贡献,只有"高承诺、高估值、高溢价"的交易方能显示自身超乎寻常的管理技能;二是管理层为尽快实施并购交易,将疏于对投资项目真实盈利能力的考察,更容易直接将承诺增长率与标的资产是否质地优良挂钩,而此类标的公司也更容易向股东传递出收购了优质资产、有利于公司长期发展的信号,以迎合市场情绪,避免投资者缩短持股周期带来外部治理压力。

基于以上分析可以推论,股价高估使得管理层过度自信问题以及迎合投资者的动机得到强化,导致管理层倾向于收购高承诺增长率的标的公司。据此,提出以下假设。

H6-1:收购方并购前的股价高估程度越高,标的公司业绩承诺增长率越高。

6.1.2 业绩承诺与业绩实现

目前,对赌协议的正面价值已经得到了初步验证。在并购交易中引入业绩补偿承诺,可以显著提升并购的协同效应水平,若能积极有效地运用对赌协议这一契约工具,将有助于提高并购效率,促使并购交易双方达到"双赢"的效果（吕长江、韩慧博，2014）[1]。并且，对赌协议对并购后标的公司的业绩具有激励效应，随着业绩承诺增长率的提高，激励效应呈现倒"U"形的态势（潘爱玲等，2017）[2]。对赌协议还可以有效降低企业管理层与外部投资者之间的信息不对称程度（尹美群、吴博，2019）[250]，在定增并购中有助于提高上市公司增发后的市场绩效（沈华玉、林永坚，2018）[4]。业绩承诺越乐观，收购方在公告期间的超额收益越大（李旎等，2019）[251]。

然而，单向业绩对赌在扭曲交易定价、妨碍交易公平、阻滞并购整合方面存在较大的弊端（赵立新、姚又文，2014）[5]。部分标的公司对未来的预期过高，脱离实际，甚至在严重亏损情形下做出非常乐观的预计（张冀，2017）[126]，其目的在于提高估值，以高业绩承诺换取高并购溢价，而上市公司出于利益输送、刺激股价等动机，在未充分衡量标的公司成长性和盈利性的前提下，也乐于接受高业绩承诺（高榴、袁诗淼，2017）[138]。当业绩目标无法实现时，标的公司将变成不良资产，导致上市公司业绩恶化（王竞达、范庆泉，2017）[140]。要解决标的公司承诺业绩的违约问题，需要收购方管理层保持较高的认知能力，对企业面临的风险保持理性的判断（于迪等，2019）[148]。

从这些研究可以发现，对赌协议并不总是对标的公司财务绩效具有高水平的保证作用。一方面，激励理论指出，目标设置的难度大小直接影响最终完成目标的效率和效果，简单易行的目标激励效果较好，如果制定过于困难的目标，反而容易让人产生畏难情绪，打击其积极性，激励效果较小。并购中引入对赌协议除了缓解信息不对称问题之外，另一个重要动因就是激励效应。当交易双方基于对标的公司经营状况的充分了解，制定合理的业绩增长率后，标的公司管理层为了避免业绩补偿会努力工作，提高经营业绩，完成对赌目标。但是，如果制定的对赌目标过高，超过标的公司自身能力范围甚至超过同行业优秀企业的水平，此时，受资源约束、市场份额等客观原因所限，标的公司管理层更倾向于放弃目标，使得业绩表现较差，与承诺的高增长率不匹配、不吻合。

另一方面，为了高价成交，一些标的公司在并购前存在正向盈余管理动机，使财务报表所显示的业绩水平高于真实盈利能力，而交易双方之间的信息不对称问题导致收购方无法充分、准确地了解到标的公司的真实业绩水平，只能基于过往财务报表显示的业绩水平来推测未来情况。此时，收购方容易高估标的公司未来的盈利能力，从而要求较高的承诺增长率。但这一切只是假象，标的公司的真实盈利能力并没有收购方所预期的那么高，未来出现业绩变脸的可能性较大。据此，提出以下假设。

H6-2：标的公司业绩承诺增长率越高，业绩实现情况越差。

6.2 研究设计

6.2.1 样本选择与数据来源

本书选取 A 股上市公司 2012—2019 年公告的对赌并购交易事件为研究样本。选取该区间的理由是，对赌协议是近年来才在我国被广泛应用于并购交易中，2012 年以前签订对赌协议的并购事件非常少，并且当时的政策环境和市场状况与后期存在较大差异。在剔除了累计对赌、外币对赌、数据缺失和数据严重异常的交易样本后，得到 2670 个业绩承诺观测值、1665 个业绩实现观测值①。为使结果不受个别极端值的影响，对连续变量进行了上下 1% 分位的 Winsor 处理。本书的数据来源于上市公司公告手工采集（对赌并购交易数据）、同花顺 iFinD（对赌并购交易、上市公司财务与股价等数据）以及国泰安 CSMAR（管理层数据），采用 Stata 14.0 进行数据处理。

6.2.2 关键变量的衡量

（1）股价高估。参考 Rhodes-Kropf 等（2005）[242]、Hertzel & Li（2010）[252]，把公司的对数市账比分解为两部分：

$$\mathrm{Ln}\left(\frac{M}{B}\right) = \mathrm{Ln}\left(\frac{M}{V}\right) + \mathrm{Ln}\left(\frac{V}{B}\right) \qquad (式6-1)$$

---

① 与前两章采用一个并购交易事件为一个观测值不同，本章按照承诺净利润、实际净利润所属的自然年度作为一个观测值。

其中，M、B、V 分别为股权的市场价值、账面价值和内在价值。参考 Rhodes-Kropf 等（2005）[242]，假设公司的内在价值是股权账面价值、净利润和杠杆率的线性函数，通过以下方法来衡量 V：

$$\text{Ln}(M_{it}) = \alpha_{0jt} + \alpha_{1jt}\text{Ln}(B_{it}) + \alpha_{2jt}\text{Ln}(|NI_{it}|) + \alpha_{3jt}I^-\text{Ln}(|NI_{it}|) + \alpha_{4jt}(Lev)_{it} + \mu_{it} \quad \text{（式 6-2）}$$

该线性函数的系数会随着时间和行业而变化，以反映投资机会随着时间和行业的变化，也反映了不同公司折现率的差异。其中，$|NI|$ 是净利润的绝对值，I^- 是虚拟变量（净利润为负时取值 1，否则取值 0），Lev 是杠杆率（1 - 权益账面价值/总资产），α_0 为常数项，$\alpha_1 \sim \alpha_4$ 为各变量对应的回归系数，下标 i 代表公司，j 代表行业，t 代表时间，残差项 μ 代表股权的内在价值相对于市场价值的偏差，即错误定价的代理变量。参考现有研究（Fu et al, 2013[18]；袁知柱等，2014[253]），通过 α_{jt} 的估计值的时间序列平均来计算模型式 6-2 中各变量对应的参数 $\overline{\alpha}_{0j} \sim \overline{\alpha}_{4j}$。

然后，把 $\overline{\alpha}_{0j} \sim \overline{\alpha}_{4j}$ 代入式 6-2，得到式 6-3：

$$\text{Ln}(V_{it}) = \overline{\alpha}_{0j} + \overline{\alpha}_{1j}\text{Ln}(B_{it}) + \overline{\alpha}_{2j}\text{Ln}(|NI_{it}|) + \overline{\alpha}_{3j}I^-\text{Ln}(|NI_{it}|) + \overline{\alpha}_{4j}(Lev)_{it}$$

$$\text{（式 6-3）}$$

最终股价高估的衡量方法为：

$$\text{Ln}\left(\frac{M}{V}\right)_{it} = \text{Ln}(M_{it}) - \text{Ln}(V_{it}) \quad \text{（式 6-4）}$$

（2）业绩承诺增长率。通过标的公司 i 在对赌期间第 t 年的承诺净利润 $ni_{i,t}$ 相对于第 $t-1$ 年承诺净利润 $ni_{i,t-1}$ 的变动来计算业绩承诺增长率（commitg），即式 6-5：

$$commitg_{i,t} = \frac{ni_{i,t} - ni_{i,t-1}}{ni_{i,t-1}} \quad \text{（式 6-5）}$$

（3）业绩承诺实现情况。通过标的公司 i 在对赌期间第 t 年的实际净利润（$realize_{i,t}$）相对于第 t 年承诺净利润 $ni_{i,t}$ 的变动来计算业绩实现情况（complete），即式 6-6。当 $complete \geq 0$，意味着标的公司兑现了业绩承诺；当 $complete < 0$，意味着标的公司没有兑现业绩承诺。

$$complete_{i,t} = \frac{realize_{i,t} - ni_{i,t}}{ni_{i,t}} \quad \text{（式 6-6）}$$

6.2.3 模型构建

为验证 H6-1，采用以下模型进行回归：

$$commitg = \alpha_0 + \alpha_1 overp + \beta control + \varepsilon \quad (式6-7)$$

其中，被解释变量是承诺增长率（commitg），解释变量是上市公司在并购预案公告日前一季末的股价高估水平（overp）。控制变量包括并购前一年标的公司总资产净利率（targetroa）、标的公司规模（targetta）、并购交易规模（msize）、收购方公司规模（lnta）、收购方总资产净利率（roa）、股权集中度（first）、独立董事比例（indir）以及行业和年度的虚拟变量。

为验证 H6-2，采用以下模型进行回归：

$$complete = \alpha_0 + \alpha_1 commitg + \beta control + \varepsilon \quad (式6-8)$$

其中，被解释变量是业绩承诺实现（complete），解释变量是承诺增长率（commitg）。控制变量包括并购前一年标的公司总资产净利率（targetroa）、标的公司规模（targetta）、并购交易规模（msize）、并购溢价（premium）、是否关联交易（relate）、是否股份支付（stockpay）以及行业和年度的虚拟变量。

以上模型涉及的变量定义如表6-1所示。

表6-1 变量定义

类型	变量符号	含义	计算方法
主要变量	overp	股价高估	采用上市公司并购前一季末的财报数据，按 Rhodes-Kropf 等（2005）[242]计算的股价高估；按证监会行业分类（旧）
	commitg	承诺增长率	承诺净利润/上一年承诺净利润-1
	complete	业绩承诺实现	实际净利润/承诺净利润-1

续表

类型	变量符号	含义	计算方法
控制变量	*targetroa*	标的公司总资产净利率（%）	标的公司并购前一年的净利润/总资产*100
	targetta	标的公司规模	标的公司并购前一年末总资产的自然对数
	msize	并购交易规模	并购交易金额的自然对数
	roa	总资产净利率（%）	收购方并购前一年的净利润/总资产*100
	lnta	公司规模	收购方并购前一年末总资产的自然对数
	first	股权集中度	收购方并购前一年第一大股东持股比例
	indir	独立董事比例	收购方并购前一年独立董事人数/董事会人数
	premium	并购溢价	并购交易金额/标的资产账面价值 − 1
	relate	关联交易	若并购交易属于关联交易则赋值1，否则赋值0
	stockpay	是否股份支付	若并购对价支付方式包含股份则赋值1，否则赋值0

说明：计算股价高估所选定的时间节点是"并购预案公告日"，即并购事件首次对外公告的日期。选择该日期的原因是，首次并购预案公告所包含的信息量最大，业绩承诺情况已经在公告中被反映了。相应地，本表"并购前"是指"并购预案公告日前"。

6.3 实证结果与分析

6.3.1 描述性统计

表6−2报告了样本的描述性统计结果。股价高估（*overp*）的平均

值为 0.137，表明收购方在并购前整体上处于股价高估的状态，与现有研究对上市公司倾向于利用股价高估的市场时机进行并购的理论分析一致。承诺增长率（$commitg$）的平均值为 28.6%，表明整体上标的公司对未来发展较为自信，最高者为 266.7%，但也不乏个别过于保守或业绩不佳的公司，承诺增长率为负。业绩实现情况（$complete$）的平均值为 -6.2%，最小值为 -229.7%，表明业绩实现情况整体上与承诺值较为接近，可能是由于个别标的公司业绩严重恶化而拉低了整体水平。并购溢价（$premium$）的平均值约 8.611 倍，最高超过 94 倍，说明各案例之间存在较大差异，可能是由于部分标的公司账面价值为负，从而导致并购溢价的最小值小于 -1。是否股份支付（$stockpay$）的平均值为 0.680，说明多数对赌并购交易都包含股份作为对价支付方式。

表6-2 变量描述性统计结果

假设	变量	观测值	平均值	标准差	最小值	最大值
H1	$overp$	2670	0.137	0.497	-1.054	1.388
	$commitg$	2670	0.286	0.343	-0.200	2.667
	$targetroa$	2670	0.100	0.166	-0.569	0.698
	$targetta$	2670	18.843	2.369	9.547	23.734
	$msize$	2670	19.923	1.392	15.895	23.448
	roa	2670	4.630	6.000	-20.375	22.788
	$lnta$	2670	21.537	1.028	19.091	24.596
	$first$	2670	0.325	0.134	0.084	0.691
	$indir$	2670	0.376	0.052	0.250	0.714
H2	$complete$	1665	-0.062	0.556	-2.297	1.548
	$targetroa$	1665	0.104	0.168	-0.569	0.698
	$targetta$	1665	18.699	2.545	9.547	23.734
	$msize$	1665	20.221	1.164	16.031	23.448
	$premium$	1665	8.611	13.674	-4.111	94.018
	$relate$	1665	0.453	0.498	0.000	1.000
	$stockpay$	1665	0.680	0.466	0.000	1.000

6.3.2 回归结果

表 6-3 报告了股价高估（overp）与业绩承诺增长率（commitg）的回归结果。表 6-3 第（1）列中，overp 的系数在 1% 水平上显著为正，表明收购方股价正向偏离真实价值的程度越大，就越倾向于收购承诺增长率较高的标的公司。表 6-3 第（2）～（3）列所示按照 overp 是否大于 0 把样本划分为股价高估组和股价低估组，发现在股价高估组中，overp 的系数仍然显著；而在股价低估组中，overp 的系数变得不显著。说明在股价高估时，股价高估的程度越大，上市公司对高承诺增长率的标的公司更为偏好；而在股价低估时，上市公司对高承诺增长率的标的公司不具有明显的偏好。

表 6-3 股价高估与业绩承诺的回归结果

变量	全样本 （1） commitg	股价高估 （2） commitg	股价低估 （3） commitg
overp	0.047***	0.079***	0.023
	(2.936)	(2.802)	(0.535)
targetroa	-0.159***	-0.181***	-0.143**
	(-3.956)	(-3.395)	(-2.276)
targetta	-0.004	-0.007	-0.003
	(-1.352)	(-1.609)	(-0.706)
msize	-0.014**	-0.019**	-0.005
	(-2.561)	(-2.533)	(-0.635)
roa	-0.002**	-0.003**	-0.001
	(-1.997)	(-2.017)	(-0.511)
lnta	0.014*	0.010	0.025**
	(1.947)	(1.000)	(2.260)
first	0.013	0.035	-0.037
	(0.250)	(0.505)	(-0.493)

续表

变量	全样本 (1) commitg	股价高估 (2) commitg	股价低估 (3) commitg
indir	0.143	0.114	0.179
	(1.086)	(0.639)	(0.885)
_cons	0.394**	0.659**	-0.035
	(2.069)	(2.488)	(-0.123)
行业	已控制	已控制	已控制
年度	已控制	已控制	已控制
N	2670	1600	1070
Adj_R^2	0.020	0.018	0.041
F	2.581	1.864	2.331

注：***、**、*分别表示在1%、5%和10%的水平上显著，括号内的数据为 t 值。

表6-4报告了承诺增长率（commitg）与业绩实现情况（complete）的回归结果。全样本（1）中，承诺增长率与业绩实现情况的关系在1%水平上显著为负，表明承诺增长率越高，业绩实现情况就越差。分别针对对赌第二年和对赌第三年进行回归，结果如表6-4第（2）~（3）列所示，发现承诺增长率与业绩实现情况的关系仍然在1%水平上显著为负。按照上一年是否实现了业绩承诺，把样本分为兑现和违约两组分别进行回归，结果如表6-4第（4）~（5）列所示，发现在上一年实现了业绩目标的情况下，本年的承诺增长率越高，业绩实现情况就越差，而在上一年未实现业绩目标的情况下，承诺增长率与业绩实现情况的关系不显著。这意味着，要连续实现高业绩增长的难度是很大的，如果上市公司对高增长的业绩承诺过度自信而盲目开展并购活动，则有可能更容易加剧并购风险。

表6-4 业绩承诺与业绩实现的回归结果

变量	全样本 (1) complete	对赌第二年 (2) complete	对赌第三年 (3) complete	上一年兑现 (4) complete	上一年违约 (5) complete
$commitg$	-0.124***	-0.174***	-0.302***	-0.148***	-0.121
	(-2.838)	(-3.302)	(-2.982)	(-3.785)	(-0.875)
$targetroa$	0.072	0.176	0.053	-0.043	0.227
	(0.885)	(1.641)	(0.377)	(-0.588)	(0.929)
$targetta$	-0.001	-0.007	0.008	0.002	0.002
	(-0.249)	(-0.930)	(0.783)	(0.371)	(0.113)
$msize$	-0.007	0.016	-0.034	-0.003	-0.111**
	(-0.453)	(0.874)	(-1.330)	(-0.202)	(-2.203)
$premium$	0.000	0.000	0.001	-0.001	0.002
	(0.399)	(0.267)	(0.664)	(-0.820)	(0.516)
$relate$	0.099***	0.079**	0.131**	0.046*	0.360***
	(3.173)	(1.974)	(2.440)	(1.692)	(3.663)
$stockpay$	0.218***	0.177***	0.267***	0.095***	0.368***
	(6.086)	(3.928)	(4.316)	(2.924)	(3.413)
$\_cons$	0.102	-0.080	0.322	0.179	0.854
	(0.328)	(-0.207)	(0.588)	(0.657)	(0.775)
行业	已控制	已控制	已控制	已控制	已控制
年度	已控制	已控制	已控制	已控制	已控制
N	1665	819	656	1356	309
Adj_R^2	0.051	0.061	0.057	0.026	0.054
F	3.608	2.560	2.205	2.063	1.544

注：***、**、*分别表示在1%、5%和10%的水平上显著，括号内的数据为t值。

6.4 进一步讨论

6.4.1 信息不对称问题的影响

股价高估反映了收购方的信息不对称程度，如果收购方的信息不对称程度越高，那么外部投资者对收购方的真实价值就会越发捉摸不透，从而导致股价偏离真实价值，形成股价高估或股价低估。为了进一步考察收购方信息不对称问题的影响，选取了并购前一年应计盈余管理、真实盈余管理、会计稳健性以及并购交易是否属于关联交易作为信息不对称的代理变量，进行分组回归。

其中，并购前一年应计盈余管理（da）采用考虑业绩的修正琼斯模型进行衡量（详细定义见附注，下同）（苏冬蔚、林大庞，2010）[212]；真实盈余管理（rda）采用异常生产成本与异常现金流、异常酌量费用之差来衡量；并购前一年会计稳健性采用 Khan-Watts 模型计算所得的 $cscore$ 衡量（唐清泉、韩宏稳，2018）[254]，$cscore$ 越大表示会计稳健性越强。

表 6-5 报告了收购方并购前信息不对称影响股价高估与承诺增长率的回归结果。从表中可以看出，当信息不对称问题较为严重时，股价高估对承诺增长率的影响更为显著；而当信息不对称问题较为缓和时，股价高估对承诺增长率的影响基本不显著。这些结果意味着，信息不对称会导致上市公司在股价高估的驱动下形成更加强烈的高承诺、高估值并购偏好。

6.4.2 管理层委托代理问题的影响

根据委托代理理论，股东与管理层之间存在委托代理问题。由于信息是不完备的，管理层将不会按照优化股东财富的目标开展投资活动，而是首先考虑投资活动能否满足自身"营造王国"、巩固权力、规避风险的需要，这种机会主义倾向导致他们在经营管理活动中产生掏空、侵占等道德风险问题。如果股东对管理层这种侵蚀行为不加以控制，那么管理层可能会盲目扩大投资规模以提升个人收益，如频繁地发起低效率的并购活动，然而这些并购活动对提升股东财富毫无助益，仅仅满足了

表6-5 收购方并购前信息不对称对股价高估与承诺增长率之间关系的影响

变量	信息不对称严重				信息不对称缓和			
	$da>0$ (1) commitg	$rda>0$ (2) commitg	$cscore<0$ (3) commitg	$relate=1$ (4) commitg	$da<0$ (5) commitg	$rda<0$ (6) commitg	$cscore>0$ (7) commitg	$relate=0$ (8) commitg
overp	0.052**	0.069***	0.082***	0.075***	0.037	0.023	0.037*	0.023
	(2.352)	(2.857)	(3.490)	(3.036)	(1.557)	(1.068)	(1.704)	(1.079)
targetroa	-0.168***	-0.179***	-0.097	-0.163**	-0.108*	-0.077	-0.173***	-0.144***
	(-3.072)	(-2.932)	(-1.589)	(-1.985)	(-1.745)	(-1.388)	(-3.280)	(-3.200)
targetta	-0.005	-0.009*	-0.004	-0.006	-0.005	-0.002	-0.003	-0.004
	(-1.100)	(-1.779)	(-0.928)	(-1.309)	(-1.142)	(-0.385)	(-0.632)	(-0.835)
msize	-0.023***	-0.023***	-0.014*	-0.007	-0.010	-0.010	-0.015**	-0.017**
	(-2.928)	(-2.668)	(-1.742)	(-0.802)	(-1.263)	(-1.434)	(-2.009)	(-1.995)
roa	-0.003*	-0.002	-0.003*	-0.000	-0.002	-0.002	-0.003*	-0.001
	(-1.708)	(-1.060)	(-1.886)	(-0.188)	(-1.549)	(-1.252)	(-1.662)	(-0.718)
lnta	0.019**	0.016	0.030**	0.000	0.016	0.019*	0.002	0.019*
	(1.973)	(1.481)	(2.046)	(0.023)	(1.426)	(1.950)	(0.169)	(1.902)
first	-0.003	0.052	-0.004	0.160**	0.066	-0.014	0.030	-0.067

续表

变量	信息不对称严重				信息不对称缓和			
	da>0 (1) commitg	rda>0 (2) commitg	cscore<0 (3) commitg	relate=1 (4) commitg	da<0 (5) commitg	rda<0 (6) commitg	cscore>0 (7) commitg	relate=0 (8) commitg
indir	(-0.048) (-0.048)	(0.651) -0.294	(-0.052) 0.199	(1.963) 0.325	(0.904) 0.265	(-0.211) 0.436***	(0.445) 0.132	(-1.063) 0.071
	(-0.093)	(-1.395)	(1.114)	(1.453)	(1.421)	(2.594)	(0.709)	(0.438)
_cons	0.523**	1.104***	0.160	0.397	0.396	-0.048	0.582**	0.424
	(1.995)	(3.497)	(0.355)	(1.333)	(1.354)	(-0.192)	(2.264)	(1.522)
行业	已控制	已控制	已控制	已控制	已控制	已控制	已控制	已控制
年度	已控制	已控制	已控制	已控制	已控制	已控制	已控制	已控制
N	1408	1320	931	1135	1262	1350	1739	1423
Adj_R^2	0.024	0.028	0.041	0.034	0.033	0.032	0.017	0.022
F	2.001	2.106	2.193	2.161	2.257	2.313	1.876	1.949

注：***、**、*分别表示在1%、5%和10%的水平上显著，括号内的数据为t值。

管理层扩大经营管理规模、提高个人收入水平和社会声誉地位的动机（陈耿、严彩红，2020）[255]，却使公司利益遭受严重损失，形成，大量商誉泡沫并加剧了商誉减值风险（Cai & Walkling，2011）[256]。

管理层在谋求私利的动机之下，会为了实现企业快速增长而发起并购，而这往往是以过度承担风险为代价的。此时，管理层可能会在牺牲企业长期业绩的前提下提高短期业绩，在收购高承诺的标的资产时，所关注的不是标的公司的盈利能力究竟是好是坏、做出的业绩承诺究竟能否兑现，而是高承诺条款可以形成信号效应，向股东展现自己在努力寻找优质投资项目。而股东又无法实时监控管理层是否对标的资产真实价值进行了切实有效的评估程序，只能依靠标的公司的财务报表、资产评估报告、业绩承诺条款等可观测的指标来分析管理层的行为。等到将来对赌目标无法实现，管理层还可以将责任推给承诺方，最坏的结果无非是接受承诺方的赔偿，但如果对赌目标顺利兑现，管理层将会进一步提高私人收益。因此，在委托代理问题严重的情形下，管理层选择投资对象的首要目的并不在于提高股东财富，此时，收购高承诺的标的公司会使收购方面临更大的不确定性，标的公司的业绩实现情况可能较差。

为了探明收购方管理层委托代理问题的影响，选择管理层在职消费（$perk$）与超额薪酬（$eecomp$）作为代理变量进行分组回归。具体地，$perk1$ 为并购前一年的办公费、差旅费、业务招待费、车船费、会务费之和除以总资产；$perk2$ 为并购前一年的管理费用减公司福利、折旧摊销之差除以总资产；$eecomp1$ 参考 Cai & Walkling（2011）[256] 的方法计算管理层实际薪酬与估计薪酬之间的残差；$eecomp2$ 参考 Chung 等（2015）[257] 的方法计算管理层实际薪酬与估计薪酬之间的残差。

按照收购方管理层在职消费的中位数以及超额薪酬是否大于零，对样本进行了分组回归，表6-6报告了管理层委托代理问题影响业绩承诺与业绩实现之间关系的分组回归结果。表6-6第（1）～（4）列是在职消费与超额薪酬较高的组，反映了委托代理问题严重，表6-6第（5）～（8）列是在职消费与超额薪酬较低的组，反映了委托代理问题缓和。回归结果显示，在委托代理问题严重的情况下，承诺增长率对业绩实现情况呈现显著的负向影响；而在委托代理问题缓和的情况下，两者的关系不显著。这说明，激烈的代理冲突会导致管理层实施非理性的并购交易，进而导致更加严重的对赌违约问题。

表 6-6 委托代理问题对业绩承诺与业绩实现之间关系的影响

变量	委托代理问题严重				委托代理问题缓和			
	perk1 高 (1) complete	perk2 高 (2) complete	eecomp1>0 (3) complete	eecomp2>0 (4) complete	perk1 低 (5) complete	perk2 低 (6) complete	eecomp1<0 (7) complete	eecomp2<0 (8) complete
commitg	-0.214***	-0.203***	-0.161**	-0.167***	-0.051	-0.012	0.004	-0.014
	(-2.916)	(-3.568)	(-2.478)	(-2.698)	(-0.837)	(-0.169)	(0.050)	(-0.216)
targetroa	0.232**	0.325***	0.106	0.212	0.036	-0.118	0.160	0.018
	(2.061)	(2.813)	(0.818)	(1.624)	(0.291)	(-0.966)	(1.286)	(0.170)
targetta	-0.002	0.007	-0.001	-0.004	-0.001	-0.006	0.003	0.001
	(-0.210)	(0.742)	(-0.067)	(-0.464)	(-0.062)	(-0.768)	(0.362)	(0.084)
msize	-0.028	-0.013	-0.007	-0.006	0.014	-0.009	-0.012	-0.027
	(-1.291)	(-0.630)	(-0.280)	(-0.259)	(0.616)	(-0.385)	(-0.481)	(-1.237)
premium	-0.002	-0.003*	0.002	0.002	0.001	0.002	-0.002	-0.002
	(-1.335)	(-1.884)	(1.108)	(1.199)	(0.840)	(1.232)	(-1.209)	(-0.906)
relate	0.045	0.046	0.123**	0.139***	0.120**	0.160***	0.113**	0.116***
	(1.055)	(1.079)	(2.519)	(2.963)	(2.501)	(3.348)	(2.250)	(2.617)
stockpay	0.241***	0.169***	0.252***	0.250***	0.186***	0.240***	0.199***	0.175***

续表

变量	委托代理问题严重				委托代理问题缓和			
	perk1 高 (1) complete	perk2 高 (2) complete	eecomp1 > 0 (3) complete	eecomp2 > 0 (4) complete	perk1 低 (5) complete	perk2 低 (6) complete	eecomp1 < 0 (7) complete	eecomp2 < 0 (8) complete
	(4.589)	(3.391)	(4.678)	(4.817)	(3.462)	(4.520)	(3.348)	(3.369)
_cons	0.390	0.042	−0.474	−0.420	−0.125	0.242	−0.109	0.221
	(0.837)	(0.094)	(−0.987)	(−0.882)	(−0.269)	(0.538)	(−0.211)	(0.466)
行业	已控制	已控制	已控制	已控制	已控制	已控制	已控制	已控制
年度	已控制	已控制	已控制	已控制	已控制	已控制	已控制	已控制
N	786	833	730	786	782	832	718	803
Adj_R^2	0.077	0.039	0.070	0.083	0.074	0.073	0.032	0.020
F	3.049	2.060	2.762	3.281	2.848	2.934	1.710	1.494

注：***、**、*分别表示在1%、5%和10%的水平上显著，括号内的数据为 t 值。

6.5 稳健性检验

为确保假设 6-1 的研究结果可靠，进行了以下稳健性检验：①采用市净率行业中位数调整法重新计算股价高估 overpmb（公司市净率与行业市净率中位数之差除以行业市净率中位数）并回归，结果如表 6-7 第（1）～（3）列所示。②如果上市公司管理层受到股价高估驱动而实施并购交易，那么在标的公司承诺净利润金额较低的情况下，管理层会相信此类业绩承诺将来兑现的可能性更高，对高承诺增长率的偏好会更强；而如果标的公司承诺的净利润金额较高，即使做出较高的业绩承诺，上市公司管理层也会保持更加谨慎的态度。为此，按照标的公司承诺净利润的自然对数（commitln）的中位数，将样本分成两组分别进行回归，结果如表 6-7 第（4）～（5）列所示。从回归结果可以看出，替换股价高估的衡量方法后，股价高估与承诺增长率仍然是显著正相关的，并且在标的公司承诺业绩较低的情况下更为显著。这些结果表明前文的研究结果具有稳健性。

表 6-7 股价高估与业绩承诺增长率的稳健性检验

变量	全样本 （1） $commitg$	股价高估 （2） $commitg$	股价低估 （3） $commitg$	承诺业绩高 （4） $commitg$	承诺业绩低 （5） $commitg$
$overpmb$	0.017***	0.018***	-0.020		
	(3.038)	(2.931)	(-0.361)		
$overp$				0.032	0.079***
				(1.412)	(3.386)
$targetroa$	-0.159***	-0.183***	-0.061	-0.055	-0.259***
	(-3.954)	(-3.975)	(-0.718)	(-0.960)	(-4.554)
$targetta$	-0.004	-0.004	-0.004	-0.003	-0.008
	(-1.312)	(-1.086)	(-0.644)	(-0.613)	(-1.474)
$msize$	-0.014***	-0.014**	-0.021**	-0.038***	-0.024**
	(-2.610)	(-2.050)	(-2.069)	(-3.557)	(-2.469)
roa	-0.002*	-0.001	-0.004*	-0.003**	-0.000

续表

变量	全样本 (1) *commitg*	股价高估 (2) *commitg*	股价低估 (3) *commitg*	承诺业绩高 (4) *commitg*	承诺业绩低 (5) *commitg*
	(-1.881)	(-0.731)	(-1.697)	(-2.133)	(-0.228)
lnta	0.020***	0.024**	0.028**	0.019*	0.008
	(2.640)	(2.371)	(2.038)	(1.873)	(0.762)
first	0.016	0.025	-0.022	-0.023	0.047
	(0.308)	(0.403)	(-0.227)	(-0.305)	(0.674)
indir	0.145	0.100	0.140	0.254	0.064
	(1.104)	(0.619)	(0.569)	(1.391)	(0.332)
_cons	0.243	0.160	0.298	0.704**	0.785**
	(1.224)	(0.629)	(0.821)	(2.261)	(2.522)
行业	已控制	已控制	已控制	已控制	已控制
年度	已控制	已控制	已控制	已控制	已控制
N	2670	1802	868	1336	1330
Adj_R^2	0.020	0.023	0.020	0.032	0.030
F	2.599	2.235	1.523	2.315	2.202

注：***、**、*分别表示在1%、5%和10%的水平上显著，括号内的数据为 t 值。

为确保假设6-2的结果可靠，进行了以下稳健性检验：①考虑到业绩实现情况可能存在时间序列相关性，控制了滞后一期的业绩实现情况并进行回归，结果如表6-8第（1）列所示；②以业绩实现情况的增量作为被解释变量进行回归，结果如表6-8第（2）列所示；③考虑到业绩承诺金额较小时可能表面上看起来承诺增长率较高，但此时承诺增长率高并不一定意味着实现难度大，以承诺净利润的自然对数作为解释变量进行回归，结果如表6-8第（3）列所示；④若股价高估确实导致管理层非理性地偏好高承诺增长率的标的公司，那么在股价高估的情况下，承诺增长率与业绩实现情况之间的负相关关系应当更为显著，据此，按照上市公司并购前是否股价高估将样本分成两组分别进行回归，结果如表6-8第（4）～（5）列所示。从回归结果可以看出，承诺增长率（commitg）的系数皆在5%水平以上显著为负，并且，收购方并购前股价越被低估，就越不容易出现高承诺后业绩变脸的问题。这些结果表明前文的研究结果具有稳健性。

表6-8 承诺增长率与业绩实现情况的稳健性检验

变量	控制一阶滞后 (1) complete	替换被解释变量 (2) Δcomplete	替换解释变量 (3) complete	股价高估 (4) complete	股价低估 (5) complete
commitg	-0.113***	-0.112***		-0.144**	-0.059
	(-2.998)	(-2.910)		(-2.518)	(-0.880)
lcomplete	0.738***				
	(24.743)				
commitln			-0.176***		
			(-6.388)		
targetroa	-0.013	-0.043	0.125	0.063	0.260**
	(-0.189)	(-0.601)	(1.543)	(0.585)	(2.047)
targetta	-0.001	-0.001	-0.000	0.003	-0.000
	(-0.245)	(-0.195)	(-0.067)	(0.411)	(-0.034)
msize	-0.018	-0.022*	0.138***	-0.011	-0.012
	(-1.361)	(-1.658)	(5.127)	(-0.566)	(-0.505)
premium	-0.000	-0.001	0.000	0.002	-0.004
	(-0.499)	(-0.747)	(0.165)	(1.378)	(-1.398)
relate	0.046*	0.028	0.105***	0.129***	0.060
	(1.717)	(1.035)	(3.397)	(3.108)	(1.289)
stockpay	0.123***	0.089***	0.184***	0.232***	0.169***
	(3.982)	(2.814)	(5.152)	(5.243)	(2.717)
_cons	0.412	0.515*	0.332	-0.427	-0.150
	(1.527)	(1.868)	(1.069)	(-1.016)	(-0.322)
行业	已控制	已控制	已控制	已控制	已控制
年度	已控制	已控制	已控制	已控制	已控制
N	1612	1612	1663	1067	598
Adj_R^2	0.318	0.018	0.067	0.076	0.024
F	23.046	1.882	4.499	3.579	1.484

注：***、**、*分别表示在1%、5%和10%的水平上显著，括号内的数据为t值。

6.6 结论与启示

对赌协议作为估值调整机制，以标的公司未来的实际业绩决定收购方的支付水平，本应有助于缓解交易双方的信息不对称问题，并发挥激励效应，然而，现实中却不乏业绩目标非常不合理、随后出现商誉减值和股价崩溃的对赌并购案例。为了探明股价高估的市场时机如何影响收购方选择标的公司的偏好，以及标的公司高承诺增长率所带来的经济后果，本书以 A 股上市公司 2012—2019 年公告的对赌并购交易事件为研究样本，实证检验股价高估、业绩承诺与业绩实现的关系。研究结果表明，股价越被高估，则收购方越倾向于收购高承诺增长率的标的公司，并且，当收购方的信息不对称问题严重时，股价高估会导致收购方对高承诺增长率具有更强烈的偏好。然而，高承诺增长率之后的业绩实现情况相对较差，即便标的公司本年实现了高增长，下一年要继续实现业绩目标的难度会更大。当收购方股东与管理层之间委托代理问题严重时，管理层执行并购的首要目的不在于为股东创造价值，而是看重高承诺增长率所蕴含的信号效应，以便在短期内攫取更多的私人收益。

基于本书的研究结果，建议监管方进一步完善对赌协议制度，加强对"高承诺、高估值、高溢价"并购交易事件的监管，严格审核承诺利润的可行性，同时，对交易后的信息披露、对中介机构持续监督标的公司履约情况提出更高的要求。上市公司则有必要更为谨慎地对待股价高估的市场时机，而不应受股价高估的驱动，刻意追寻高承诺增长率的标的公司作为噱头来迎合市场投资者，疏于对项目自身盈利能力的评判和考察。对于标的公司，建议更为慎重地进行业绩承诺，在做出业绩承诺之前，需要考量公司自身的条件、市场份额、行业发展规律是否支持这样的业绩增长。

6.7 附注：信息不对称以及管理层委托代理的变量定义

信息不对称以及管理层委托代理变量定义如表 6-9 所示。

表6-9 信息不对称以及管理层委托代理变量定义

信息不对称	da	应计盈余管理	采用考虑业绩的修正琼斯模型（苏冬蔚、林大庞，2010）[212]来衡量
	rda	真实盈余管理	采用异常生产成本与异常现金流、异常酌量费用之差来衡量
	cscore	会计稳健性	采用 Khan-Watts 模型（唐清泉、韩宏稳，2018）[254]来衡量
委托代理	perk1	在职消费1	并购前一年的办公费、差旅费、业务招待费、车船费、会务费之和除以总资产
	perk2	在职消费2	并购前一年的管理费用减公司福利、折旧摊销后之差除以总资产
	eecomp1	超额薪酬1	并购前一年管理层的超额薪酬，参考 Cai & Walkling（2011）[256]计算的残差
	eecomp2	超额薪酬2	并购前一年管理层的超额薪酬，参考 Chung 等（2015）[257]计算的残差

1. 并购前一年应计盈余管理（da）

采用考虑业绩的修正琼斯模型进行衡量（苏冬蔚、林大庞，2010）[212]，如式6-9、式6-10所示。

$$\frac{TA_{i,t}}{A_{i,t-1}} = \beta_0 + \beta_1 \frac{1}{A_{i,t-1}} + \beta_2 \frac{\Delta REV_{i,t}}{A_{i,t-1}} + \beta_3 \frac{PPE_{i,t}}{A_{i,t-1}} - \beta_4 ROA_{i,t} + \xi_{i,t}$$

（式6-9）

$$DA_{i,t} = \frac{TA_{i,t}}{A_{i,t-1}} - \hat{\beta}_0 - \hat{\beta}_1 \frac{1}{A_{i,t-1}} - \hat{\beta}_2 \left(\frac{\Delta REV_{i,t}}{A_{i,t-1}} - \frac{\Delta REC_{i,t}}{A_{i,t-1}} \right) - \hat{\beta}_3 \frac{PPE_{i,t}}{A_{i,t-1}} - \hat{\beta}_4 ROA_{i,t}$$

（式6-10）

其中，$TA_{i,t} = (\Delta CA_{i,t} - \Delta CASH_{i,t}) - (\Delta CL_{i,t} - \Delta CLD_{i,t}) - DEP_{i,t}$，$\Delta CA_{i,t}$为流动资产增加额，$\Delta CASH_{i,t}$为现金及现金等价物增加额，$\Delta CL_{i,t}$为流动负债增加额，$\Delta CLD_{i,t}$为一年内到期的长期负债增加额，$DEP_{i,t}$为折旧和摊销成本，$A_{i,t-1}$为上年度总资产，$\Delta REV_{i,t}$为销售收入增加额，$\Delta REC_{i,t}$为

应收账款净值增加额，$PPE_{i,t}$ 为固定资产，$ROA_{i,t}$ 为总资产净利率，$DA_{i,t}$ 为应计盈余管理。

2. 并购前一年真实盈余管理（rda）

参照张岩（2020）[258] 的做法，采用异常生产成本与异常现金流、异常酌量费用之差来衡量真实盈余管理。具体做法是按照行业—年度对式 6-11 至式 6-13 分别进行回归，3 个公式回归后的残差分别表示异常生产成本（abProd）、异常经营活动现金流（abCSF）以及异常酌量费用（abDIS）。

$$\frac{Prod_t}{TA_{t-1}} = \alpha_0 + \alpha_1 \frac{1}{TA_{t-1}} + \alpha_2 \frac{Sales_t}{TA_{t-1}} + \alpha_3 \frac{\Delta Sales_t}{TA_{t-1}} + \alpha_4 \frac{\Delta Sales_{t-1}}{TA_{t-1}} + \varepsilon$$

（式 6-11）

$$\frac{CSF_t}{TA_{t-1}} = \alpha_0 + \alpha_1 \frac{1}{TA_{t-1}} + \alpha_2 \frac{Sales_t}{TA_{t-1}} + \alpha_3 \frac{\Delta Sales_t}{TA_{t-1}} + \varepsilon$$

（式 6-12）

$$\frac{DIS_t}{TA_{t-1}} = \alpha_0 + \alpha_1 \frac{1}{TA_{t-1}} + \alpha_2 \frac{Sales_t}{TA_{t-1}} + \varepsilon \quad （式 6-13）$$

最终，真实盈余管理的计算公式为：

$$rda = abProd - abCSF - abDIS \quad （式 6-14）$$

3. 并购前一年会计稳健性（cscore）

采用 Khan-Watts 模型计算所得的 cscore 衡量（唐清泉、韩宏稳，2018）[254]，如式 6-15 至式 6-17 所示，cscore 越大表示会计稳健性越强。

$$\frac{EPS_{i,t}}{P_{i,t}} = \beta_0 + \beta_1 RET_{i,t} + \beta_2 D_{i,t} + \beta_3 RET_{i,t} \times D_{i,t} + \xi_{i,t}$$

（式 6-15）

$$Gscore_{i,t} = \beta_1 = \mu_1 + \mu_2 SIZE_{i,t} + \mu_3 MB_{i,t} + \mu_4 LEV_{i,t}$$

（式 6-16）

$$Cscore_{i,t} = \beta_3 = \lambda_1 + \lambda_2 SIZE_{i,t} + \lambda_3 MB_{i,t} + \lambda_4 LEV_{i,t}$$

（式 6-17）

式 6-15 至式 6-17 中，EPS 为每股收益，P 为年初每股股票的价格，RET 为经市场调整后的股票回报率，D 为 RET 是否为负的虚拟变量（若 RET 为负则赋值 1，否则赋值 0），SIZE 为总市值的自然对数，MB 为市净率，LEV 为资产负债率，Gscore 表示会计盈余确认"好消息"

的及时性，Cscore 表示会计盈余确认"坏消息"比"好消息"的及时增量程度，即会计稳健性。

4. 并购前一年超额薪酬（eecomp1）

借鉴 Cai & Walkling（2011）[256]，采用式 6-18 的残差来衡量。

$$Comp_{i,t} = \beta_0 + \beta_1 RT_{i,t-1,t-3} + \beta_2 ROA_{i,t-1} + \beta_3 Lev_{i,t-1} + \beta_4 Size_{i,t-1} + \beta_5 BM_{i,t-1} + Year + Industry + \varepsilon_{i,t}$$

（式 6-18）

式 6-18 中，Comp 为前 3 名高管薪酬之和的自然对数，RT 为过去 3 年股价涨跌幅，ROA 为总资产净利率，Lev 为总负债除以总资产，Size 为总市值的自然对数，BM 为权益账面价值除以市场价值，Year、Industry 分别为年度和行业的虚拟变量。

5. 并购前一年超额薪酬（eecomp2）

借鉴 Chung 等（2015）[257]，采用式 6-19 的残差来衡量。

$$Comp_{i,t} = \beta_0 + \beta_1 MB_{i,t-1} + \beta_2 ROA_{i,t-1} + \beta_3 ROA_{i,t-1,t-3} + \beta_4 Sales_{i,t-1} + \beta_5 Employee_{i,t-1} + \beta_6 RD_{i,t-1} + \beta_7 ADEXP_{i,t-1} + \beta_8 Lev_{i,t-1} + \beta_9 PPE_{i,t-1} + \beta_{10} INVST_{i,t-1} + \beta_{11} MEquity_{i,t-1} + \beta_{12} DEquity_{i,t-1} + \beta_{13} Dual_{i,t-1} + Year + Industry + \varepsilon_{i,t}$$

（式 6-19）

式 6-19 中，MB 为市净率，$ROA_{i,t-1,t-3}$ 为过去 3 年总资产净利率的平均值，Sales 为销售收入的自然对数，Employee 是员工人数的自然对数，RD 为研发支出除以总资产，ADEXP 为广告费用除以总资产，Lev 为总负债除以总资产，PPE 为固定资产除以总资产，INVST 为资本支出除以总资产，MEquity 为管理层持股比例，DEquity 为董事会持股比例，Dual 为两职合一的虚拟变量（若董事长和总经理由同一人担任则赋值1，否则赋值0）。

第 7 章 研究结论与不足之处

7.1 研究结论

在近年来的并购交易事件中,对赌协议已经成为标的资产定价机制中的重要组成部分。目前,现有研究从理论层面及实证层面验证了对赌协议的激励效应,发现对赌协议有助于提升管理层的努力水平、发挥并购协同效应,但也有文献显示,对赌协议可能会扭曲并购交易定价、恶化委托代理问题,售股股东为了获得高并购溢价不惜夸下海口,标的公司管理层在过高的业绩压力下过度开发企业潜力,导致对赌并购后出现一系列负面后果。从这些研究来看,如何客观、准确地评价对赌协议的经济后果值得进一步讨论。

从理论上分析,对赌协议是标的公司显示高盈利能力的信号,既提供了额外的财务信息,缓解了收购方的信息弱势问题,又设定了收购方损失的下限,降低了收购风险。因此,当标的公司承诺高业绩增长率的时候,收购方必须支付较高的并购溢价方能使得交易达成。但是,如果承诺方设定的业绩目标遥不可及,甚至为了吸引投资者、提高并购对价,不惜恶意承诺,反而可能会加剧收购方的风险。

进一步考虑业绩承诺水平的成因可以发现,为获取较高的并购溢价,标的公司具有强烈动机开展盈余管理活动,业绩承诺制度使得这种盈余管理行为不再局限于正向操作,负向盈余管理配合高承诺增长率也能在收益法评估下获得较高估值,于是,收购方以及广大投资者对标的公司盈余管理的方向与程度的判断变得更为困难,甚至有可能恶化了信息不对称问题,从而带来风险。

更为重要的是,对赌并购交易往往重承诺、轻履行,只要标的公司做出了较高的业绩承诺,收购方就愿意支付较高的并购对价,对业绩目标的可行性考虑不足,对并购后的对赌履约管控也未给予足够的重视。为了抑制住市场对"高承诺、高估值、高溢价"并购的狂热,交易所针对此类交易事件已经发出了大量的监管问询函,但仍然不可避免地出现诸多对赌违约事件，严重拖累上市公司的绩效。

针对这些问题，本书尝试检验对赌协议究竟能否帮助上市公司降低交易风险、提高并购绩效。具体而言，得到了以下研究结论。

首先，检验了对赌协议对并购溢价的影响。选取了 A 股上市公司 2012—2020 年公告的、签订了对赌协议的定增并购交易事件作为研究样本，研究发现：对赌协议中的承诺增长率越高，则并购溢价越高，并且，在单向对赌的情况下，承诺增长率与并购溢价之间的关系更为显著。进一步考虑标的公司并购前盈余管理，发现正向或负向盈余管理程度越高，则并购溢价越高，其中，正向盈余管理会加强承诺增长率与并购溢价的关系，而负向盈余管理则会削弱承诺增长率与并购溢价的关系；正向盈余管理的调节作用在双向对赌情况下更为显著，而负向盈余管理的调节作用在单向对赌情况下更为显著。这些结果意味着，对赌协议确实会扭曲并购交易定价机制，较高的承诺增长率需要用较高的并购溢价来换取，甚至还会赋予标的公司实施负向盈余管理的动机和空间。研究结果刻画了对赌协议影响并购溢价的内在逻辑，突出了交易前标的公司盈余管理的经济后果，丰富了并购溢价成因的研究。

其次，检验了对赌协议对股价崩溃风险的影响。选取了 A 股上市公司 2012—2019 年公告的对赌并购交易事件为研究样本。研究发现：业绩承诺增长率与股价崩溃风险正相关，在单向对赌的情况下，承诺增长率与股价崩溃风险之间的关系更为显著。进一步考察并购溢价、标的公司盈余管理对收购方股价崩溃风险的影响，发现两者皆对股价崩溃风险存在正向影响，其中，并购溢价在承诺增长率影响股价崩溃风险的过程中发挥中介作用，标的公司盈余管理则主要是通过降低信息披露质量、加剧信息不对称程度而非影响并购对价导致股价崩溃风险加剧。这些结果意味着，对赌协议存在有限激励效应，超出正常范围的对赌目标反而会加剧收购方的股价崩溃风险，而在对赌协议影响股价崩溃风险的过程中，并购溢价是重要的中间环节，设置合理的对赌目标和合理的并购交易价格是降低并购后股价崩溃风险的重要手段。研究结果有助于揭示对赌协议影响股价崩溃风险的路径与机制，对上市公司修正并购交易定价和降低收购风险、对监管机构规范标的公司会计信息披露具有借鉴意义。

最后，实证检验了股价高估、业绩承诺与业绩实现的关系。以 A

股上市公司 2012—2019 年公告的对赌并购交易事件为研究样本，研究发现：股价高估会导致收购方对高承诺增长率的标的公司具有较强的偏好，尤其是在收购方信息不对称问题严重时，这种偏好会更加强烈。然而，高承诺增长率之后的业绩实现情况相对较差，即便标的公司本年实现了高增长，下一年要继续实现业绩目标的难度会更大。当收购方股东与管理层之间委托代理问题严重时，管理层的非理性并购行为更加严重，会更加看重高承诺增长率所蕴含的信号效应，以便在短期内攫取更多私人收益，这种情况下对赌并购的业绩实现情况较差。

结合以上研究结果可以发现，只有合理地运用对赌协议这一契约工具，才能更好地发挥激励作用，帮助降低上市公司的收购风险，保护利益相关者的合法权益。具体地，对证券监管部门和上市公司分别提出几点有针对性的建议。

建议证券监管部门：

（1）进一步完善与对赌协议相关的制度安排，加强对高承诺、高估值并购重组的监管，对于业绩承诺和并购溢价远超同行业合理范围的并购交易加以限制，防止忽悠式重组和一锤子买卖。

（2）适当考虑推进对赌条款个性化。当前对赌协议中的业绩目标通常是某种净利润，随着对赌协议在并购交易中得到越来越广泛的应用，在某些有着特殊业绩指标的行业当中，可以尝试允许设置经营活动净现金流量（如电商行业）、专利数量（如生物医药行业）、市场占有率（如广告传媒行业）、在线人数（如网络游戏、直播行业）等财务或非财务指标，从行业实际情况出发进行个性定制，避免削足适履。

（3）加大对并购后履约情况的监管，提高标的公司的违约成本。尤其值得注意的是，对于承诺增长率较高的标的资产，必须严格跟踪后续业绩的履约情况，一旦出现违约而触发补偿条款，必须严格执行，限制因并购对价取得上市公司股份的承诺方质押股份，并防止变相降低承诺金额、随意变更补偿条款。在后续并购实务中可以尝试在现有对赌协议的基础上引入或有支付计划，即取得标的公司股权时不是一次性支付全部价款，而是在一段时间之后视标的公司业绩状况好坏决定是否继续支付、支付多少。

（4）进一步追踪对赌期后业绩是否突然发生变脸，防止标的公司管理层在对赌期内通过盈余管理操纵利润强行达到承诺业绩，而对赌期后则"一地鸡毛"。针对这一点，可以尝试考虑强制延长业绩承诺期、限制对赌期内留任管理层的承诺方随意离职，增加标的公司业绩操纵的难度，使得今后并购交易中的承诺方对业绩承诺保持更为谨慎的态度，避免侥幸心理或投机行为。

（5）强化信息披露制度，包括加强并购前和并购后的信息披露质量。本书在数据收集过程中，发现未披露标的公司详细财务报表而只提供简易财务报表的交易事件不在少数，不利于收购方和广大投资者全面、充分地解读标的资产的财务状况。结合近期的监管问询函来看，对于标的公司财务会计信息披露不够充分的对赌并购方案，交易所往往会要求其进一步补充披露相关数据和分析。因此，建议监管方考虑直接在制度层面对并购交易首次公告中的标的公司财务报表的信息质量提出更高的要求。另外，有部分公司实施对赌并购后没有披露对赌协议的履约情况，投资者完全无法得知标的公司业绩是否达标、不达标的情况下是否执行了补偿程序，建议监管方考虑强化要求上市公司在对赌期间持续披露标的资产业绩实现情况，并及时披露可能影响履约情况的事项，使得风险在突发事件出现时得以及时释放。

对于上市公司而言，在并购交易前值得关注的是标的公司业绩承诺水平相对其行业地位、市场份额、生命周期等现实条件是否具有合理性，以及对赌期内的业绩是否真实。尤其要避免过于天真地相信标的公司不切实际的业绩承诺，要重点考察标的公司是否存在通过破坏内部控制的有效性进行盈余管理、跨期操纵业绩，或者迫于履约压力过度开发潜力而透支公司未来的行为，可以考虑通过在并购前谨慎选择并购标的、在交易中聘用具有高声誉的中介机构、在并购后向标的公司关键岗位派驻管理人员等方法来解决这些问题。

7.2 不足之处

本书围绕对赌协议的成因、后果与影响机制展开研究，旨在揭示如何发挥对赌协议的激励效应，为今后监管方规范对赌协议制度并防范重大金融风险、上市公司借助对赌协议提升并购协同效应和企业价值提供线索与启示。为确保研究结果可靠，采用了多种方法进行稳健性检验，但仍然可能在以下三方面存在一定的局限性。

首先，某些明显不合理、存在较大利益输送嫌疑、受到媒体舆论广泛质疑的并购预案可能在发审委（股票发行审核委员会）审查阶段就被否决，或者经过多次监管问询后修改乃至撤销了交易方案，故而无法观察到执行此类交易可能带来的经济后果，因此，可能存在一定的样本选择问题。

其次，虽然大多数公司约定了3年的对赌期，但仍有少数公司约定的对赌期超过3年，对赌时间跨度可能对对赌协议的经济后果造成影响，本书囿于样本量的限制，暂未对此加以验证。

再次，业绩承诺和业绩实现还可能受到标的公司自身的特征所影响，如管理团队是否专业、所处行业的发展趋势、并购后上市公司是否予以资源支持或者委派专人进驻标的公司进行监督等，但受数据来源所限，未能基于这些角度选取更多的控制变量。

最后，不同行业的并购交易签订对赌协议的目的可能存在较大的差异，如影视行业签订对赌协议可能是为了"捆绑"艺人而非看中利润承诺，本书尚未对签订对赌协议的目的加以细分，故研究结果可能受到一定的影响。这些问题都可以在今后的研究中进一步解决。

参考文献

[1] 吕长江,韩慧博. 业绩补偿承诺、协同效应与并购收益分配 [J]. 审计与经济研究, 2014 (6): 3-13.

[2] 潘爱玲,邱金龙,杨洋. 业绩补偿承诺对标的企业的激励效应研究——来自中小板和创业板上市公司的实证检验 [J]. 会计研究, 2017 (3): 46-52.

[3] 杜依倩,费一文. 业绩承诺制度能否解决大股东利益输送问题?——基于2008—2015年定增并购事件的实证研究 [J]. 投资研究, 2017, 36 (7): 79-90.

[4] 沈华玉,林永坚. 定向增发中利润承诺的市场反应及长期绩效研究 [J]. 证券市场导报, 2018 (1): 64-71, 77.

[5] 赵立新,姚又文. 对重组盈利预测补偿制度的运行分析及完善建议 [J]. 证券市场导报, 2014 (4): 4-8.

[6] 王建伟,钱金晶. 并购重组市场化改革问题及监管对策研究——基于深市并购重组交易的经验数据 [J]. 证券市场导报, 2018 (10): 44-51.

[7] 李善民,黄志宏,郭菁晶. 资本市场定价对企业并购行为的影响研究——来自中国上市公司的证据 [J]. 经济研究, 2020, 55 (7): 41-57.

[8] SHLEIFER A, VISHNY R W. Stock market driven acquisitions [J]. Journal of financial economics, 2003, 70 (3): 295-311.

[9] 王璐清,何婧,赵汉青. 资本市场错误定价如何影响公司并购 [J]. 南方经济, 2015 (3): 24-37.

[10] 安郁强,陈选娟. 估值套利与公司并购——来自中国企业并购的新证据 [J]. 经济管理, 2019, 41 (3): 73-89.

[11] 张丽敏,靳庆鲁,张佩佩. IPO成长性管理与公司并购——基于创业板上市公司的证据 [J]. 财经研究, 2020, 46 (6): 125-139.

[12] 邓路,周宁. 市场时机、反向收购及其经济后果——基于"山煤国际"的案例研究[J]. 中国工业经济,2015(1):147-159.

[13] JENSEN M C. Agency costs of overvalued equity[J]. Financial management,2005,34(1):5-19.

[14] 张晓宇,徐龙炳. 限售股解禁、资本运作与股价崩盘风险[J]. 金融研究,2017(11):158-174.

[15] 廖珂,谢德仁,张新一. 控股股东股权质押与上市公司并购——基于市值管理的视角[J]. 会计研究,2020(10):97-111.

[16] DONG M,HIRSHLEIFER D,RICHARDSON S,et al. Does investor misvaluation drive the takeover market?[J]. Journal of finance,2006,61(2):725-762.

[17] AKBULUT M E. Do overvaluation-driven stock acquisitions really benefit acquirer shareholders?[J]. Journal of financial and quantitative analysis,2013,48(4):1025-1055.

[18] FU F,LIN L,OFFICER M S. Acquisitions driven by stock overvaluation:are they good deals?[J]. Journal of financial economics,2013,109(1):24-39.

[19] 刘娥平,关静怡. 股价高估、定增并购价格偏离与市场绩效[J]. 中央财经大学学报,2018(8):62-75.

[20] 叶陈刚,崔婧,王莉婕. 大股东资产评估操纵的影响因素研究——基于资产收购关联交易的实证检验[J]. 证券市场导报,2018(4):4-12.

[21] 翟进步. 并购双重定价安排、声誉约束与利益输送[J]. 管理评论,2018,30(6):212-226.

[22] 张丽丽. 定向增发并购中大股东的角色:支持还是利益输送——基于上市公司并购非上市公司的实证研究[J]. 山西财经大学学报,2018,40(7):82-97.

[23] 陈浩,刘春林. 高管晋升激励与并购支付决策[J]. 软科学,2017,31(12):43-46.

[24] 赵妍,赵立彬. 晋升激励影响并购价值创造吗?——来自国有控股企业的经验证据[J]. 经济经纬,2018,35(2):158-164.

[25] 罗宏,秦际栋. 高管薪酬攀比与企业并购[J]. 财贸研究,2020,

31（11）：97-110.

[26] 杜跃平，徐杰. CEO 股票期权激励与并购决策关系研究——代理成本的中介作用和 CEO 过度自信的调节作用［J］. 审计与经济研究，2016，31（4）：50-61.

[27] 潘爱玲，张国珍，邱金龙. 高管期权制度安排、激励强度与并购绩效——基于条款内容调节作用的微观解读［J］. 现代财经（天津财经大学学报），2017，37（12）：52-66.

[28] 陈效东，周嘉南. 非激励型高管股权激励、企业投资方式与控制人收益［J］. 管理评论，2016，28（5）：161-174.

[29] 王姝勋，董艳. 期权激励与企业并购行为［J］. 金融研究，2020（3）：169-188.

[30] RHODES-KROPF M, VISWANATHAN S. Market valuation and merger waves［J］. The journal of finance，2004，59（6）：2685-2718.

[31] DE LA BRUSLERIE H. Crossing takeover premiums and mix of payment：an empirical test of contractual setting in M&A transactions［J］. Journal of banking & finance，2013，37（6）：2106-2123.

[32] 谢纪刚，张秋生. 股份支付、交易制度与商誉高估——基于中小板公司并购的数据分析［J］. 会计研究，2013（12）：47-52.

[33] 周菊，陈欣. 并购重组支付方式与并购溢价——基于交易成本与信息不对称的解释［J］. 投资研究，2019，38（12）：81-93.

[34] VLADIMIROV V. Financing bidders in takeover contests［J］. Journal of financial economics，2015，117（3）：534-557.

[35] 王雅茹，刘淑莲. 企业声誉与并购溢价决策——基于业绩期望差距的调节效应［J］. 北京工商大学学报（社会科学版），2020，35（1）：76-89.

[36] 于江，张秋生，王逸. 并购失败原因研究——基于终极控股股东利益攫取的视角［J］. 证券市场导报，2014（11）：21-28.

[37] 侯剑平，李媛媛，倪虹. 机构股东持股、两权分离与关联方资产重组溢价［J］. 经济经纬，2015（2）：87-92.

[38] 李彬，杨洋，潘爱玲. 定增折价率与并购溢价率——定增并购中利益输送的证据显著性研究［J］. 证券市场导报，2015（8）：15-22.

[39] HAYWARD M L A, HAMBRICK D C. Explaining the premiums paid for large acquisitions: evidence of CEO Hubris [J]. Administrative science quarterly, 1997, 42 (1): 103-127.

[40] 唐蓓,夏康健,连慧颖. 上市公司并购重组中资产评估溢价探析——基于企业管理层权力与独立审计视角 [J]. 价格理论与实践, 2015 (9): 76-78.

[41] 潘爱玲,刘文楷,王雪. 管理者过度自信、债务容量与并购溢价 [J]. 南开管理评论, 2018, 21 (3): 35-45.

[42] 曾宪聚,陈霖,严江兵,等. 高管从军经历对并购溢价的影响:烙印——环境匹配的视角 [J]. 外国经济与管理, 2020, 42 (9): 94-106.

[43] 于洪鉴,陈艳,陈邑早. CEO自恋与并购非公开环节行为决策的实验研究 [J]. 管理科学, 2019, 32 (5): 102-112.

[44] 张莹,陈艳. CEO声誉与企业并购溢价研究 [J]. 现代财经（天津财经大学学报）, 2020, 40 (4): 64-81.

[45] 张先治,杜春明. 管理层能力与并购过程价值创造 [J]. 财经问题研究, 2020 (12): 78-88.

[46] 白智奇,张宁宁,张莹. 高管薪酬契约参照与企业并购:并购溢价及并购绩效 [J]. 经济与管理评论, 2021, 37 (1): 150-160.

[47] 潘爱玲,吴倩,李京伟. 高管薪酬外部公平性、机构投资者与并购溢价 [J]. 南开管理评论, 2021, 24 (1): 39-49.

[48] 陈仕华,卢昌崇. 企业间高管联结与并购溢价决策——基于组织间模仿理论的实证研究 [J]. 管理世界, 2013 (5): 144-156.

[49] 陈仕华,李维安. 并购溢价决策中的锚定效应研究 [J]. 经济研究, 2016 (6): 114-127.

[50] 傅超,杨曾,傅代国. "同伴效应"影响了企业的并购商誉吗?——基于我国创业板高溢价并购的经验证据 [J]. 中国软科学, 2015 (11): 94-108.

[51] 蓝发钦,国文婷. 并购溢价的参照点效应——来自中国上市公司换股并购样本的经验证据 [J]. 山西财经大学学报, 2020, 42 (4): 109-126.

[52] ALHADAB M, CLACHER I, KEASEY K. Real and accrual earnings

management and IPO failure risk [J]. Accounting and business research, 2015, 45 (1): 55-92.

[53] 黄俊, 李挺. 盈余管理、IPO审核与资源配置效率 [J]. 会计研究, 2016 (7): 10-18.

[54] NAGATA K. Does earnings management lead to favorable IPO price formation or further underpricing? Evidence from Japan [J]. Journal of multinational financial management, 2013, 23 (4): 301-313.

[55] 李艳, 孙金帅. 上市公司会计信息质量的资产定价研究 [J]. 西安电子科技大学学报 (社会科学版), 2013 (6): 20-26.

[56] 龙月娥, 叶康涛. 会计-税收差异、盈余管理与证券市场估值 [J]. 中南财经政法大学学报, 2013 (2): 117-123.

[57] 王鸿, 朱宏泉. 应计质量在A股市场得到客观定价了吗? 来自中国A股市场的证据 [J]. 系统工程理论与实践, 2012 (2): 236-245.

[58] CHANEY P K, LEWIS C M. Earnings management and firm valuation under asymmetric information [J]. Journal of corporate finance, 1995, 1 (3-4): 319-345.

[59] 任春艳. 从企业投资效率看盈余管理的经济后果——来自中国上市公司的经验证据 [J]. 财经研究, 2012 (2): 61-70.

[60] 王生年, 朱艳艳. 股权激励影响了资产误定价吗——基于盈余管理的中介效应检验 [J]. 现代财经 (天津财经大学学报), 2017 (7): 89-101.

[61] 应惟伟, 袁肇祥. 控股股东盈余管理与资本市场效率 [J]. 武汉大学学报 (哲学社会科学版), 2015 (1): 26-31.

[62] CHEN A, CHENG L, CHENG K, et al. Earnings management, market discounts and the performance of private equity placements [J]. Journal of banking & finance, 2010, 34 (8): 1922-1932.

[63] ERICKSON M, WANG S. Earnings management by acquiring firms in stock for stock mergers [J]. Journal of accounting and economics, 1999, 27 (2): 149-176.

[64] DE JONG A, MERTENS G, VAN DER POEL M, et al. How does earnings management influence investor's perceptions of firm value?

Survey evidence from financial analysts [J]. Review of accounting studies, 2014, 19 (2): 606-627.

[65] 晏国菀, 谢光华. 董事联结、董事会职能与并购绩效 [J]. 科研管理, 2017, 38 (9): 106-115.

[66] 赵璐, 李昕. 目标方信息质量、并购溢价与交易终止 [J]. 当代经济研究, 2018 (11): 81-88.

[67] 王天童, 孙烨. 目标公司信息透明度与并购溢价 [J]. 财经问题研究, 2020 (1): 54-62.

[68] 蓝发钦, 国文婷. 目标公司盈利质量对并购溢价的影响研究 [J]. 软科学, 2021, 35 (3): 42-48.

[69] 吕忠宏, 范思萌. 并购商誉对企业财务业绩的影响——基于上市公司的经验数据 [J]. 东南大学学报 (哲学社会科学版), 2016 (S2): 17-20.

[70] 赵西卜, 宁美军, 张东旭. 并购商誉与企业价值 [J]. 现代管理科学, 2016 (12): 3-5.

[71] FREUND S, PREZAS A P, VASUDEVAN G K. Operating performance and free cash flow of asset buyers [J]. Financial management, 2003, 32 (4): 87-106.

[72] 刘喜和, 王洁远. 溢价并购、商誉减值与股票收益率波动效应 [J]. 金融经济学研究, 2019, 34 (3): 83-93.

[73] 傅超, 王靖懿, 傅代国. 从无到有, 并购商誉是否夸大其实? ——基于A股上市公司的经验证据 [J]. 中国经济问题, 2016 (6): 109-123.

[74] 冯科, 杨威. 并购商誉能提升公司价值吗? ——基于会计业绩和市场业绩双重视角的经验证据 [J]. 北京工商大学学报 (社会科学版), 2018, 33 (3): 20-32.

[75] 杨威, 宋敏, 冯科. 并购商誉、投资者过度反应与股价泡沫及崩盘 [J]. 中国工业经济, 2018 (6): 156-173.

[76] 邓鸣茂, 梅春. 高溢价并购的达摩克斯之剑: 商誉与股价崩盘风险 [J]. 金融经济学研究, 2019, 34 (6): 56-69.

[77] 刘超, 徐丹丹, 郑忱阳. 商誉、高溢价并购与股价崩盘风险 [J]. 金融监管研究, 2019 (6): 1-20.

[78] 任力,何苏燕. 并购溢价对股权质押时机选择影响的经验研究 [J]. 会计研究, 2020 (6): 93-107.

[79] BAKER H K, DUTTA S, SAADI S, et al. Are good performers bad acquirers? [J]. Financial management, 2012, 41 (1): 95-118.

[80] CHANG C, CHOI P M S, HUANG S H. Do poorly governed acquirers transfer wealth to targets in cross-border acquisitions? [J]. Financial management, 2015, 44 (3): 475-498.

[81] 何任,邵帅,杨青. 财务独立董事能否抑制高管的价值损毁行为?——基于我国A股上市公司并购的经验证据 [J]. 南京审计大学学报, 2019, 16 (2): 20-29.

[82] QIU B, TRAPKOV S, YAKOUB F. Do target CEOs trade premiums for personal benefits? [J]. Journal of banking & finance, 2014, 42: 23-41.

[83] 周绍妮,王中超,操群. 高管权力、机构投资者与并购绩效 [J]. 财经论丛, 2019 (9): 73-81.

[84] 王春林,刘淑莲. 高管权力与并购绩效:信息披露质量的调节效应 [J]. 财经问题研究, 2019 (6): 91-98.

[85] 李路,肖土盛,贺宇倩,等. 收购方管理层语言经历、文化整合与并购绩效 [J]. 会计研究, 2020 (2): 90-100.

[86] 蔡宁. 文化差异会影响并购绩效吗——基于方言视角的研究 [J]. 会计研究, 2019 (7): 43-50.

[87] 江涛,陈富永,汤思禹. 基于"关系型"社会情境的董事网络对并购绩效影响研究 [J]. 中国软科学, 2019 (11): 183-192.

[88] 赵乐,王琨. 高管团队内部网络与并购绩效 [J]. 金融研究, 2020 (11): 170-187.

[89] 张洽,袁天荣. CEO校友关系会影响并购决策与并购效果吗 [J]. 上海财经大学学报, 2020, 22 (3): 82-96.

[90] 钟子英,邓可斌. 顺水巧推舟:顶级财务顾问专业能力的并购市场证据 [J]. 管理评论, 2019, 31 (5): 213-230.

[91] 宋贺,段军山. 财务顾问与企业并购绩效 [J]. 中国工业经济, 2019 (5): 155-173.

[92] 洪祥骏,赵婧,马征. 券商监管与声誉价值:中国证券市场治理

与企业并购绩效［J］. 经济评论, 2020（2）: 86 - 105.

［93］SUDARSANAM S, SALAMI A, ALEXANDROU G. Rational expectations, analysts' forecasts of earnings and sources of value gains for takeover targets［J］. Journal of banking & finance, 2002, 26（1）: 153 - 177.

［94］GERRITSEN D F, WEITZEL U. Security analyst target prices as reference point and takeover completion［J］. Journal of behavioral and experimental finance, 2017, 15: 1 - 14.

［95］CHANG X, SHEKHAR C, TAM L H K, et al. The information role of advisors in mergers and acquisitions: evidence from acquirers hiring targets' ex-advisors［J］. Journal of banking & finance, 2016, 70: 247 - 264.

［96］李彬, 潘爱玲. 会计师事务所特征与公司并购绩效反应——来自中国上市公司的经验证据［J］. 审计与经济研究, 2016（1）: 46 - 54.

［97］ISMAIL A. Does the management's forecast of merger synergies explain the premium paid, the method of payment, and merger motives?［J］. Financial management, 2011, 40（4）: 879 - 910.

［98］李善民, 杨继彬, 钟君煜. 风险投资具有咨询功能吗?——异地风投在异地并购中的功能研究［J］. 管理世界, 2019, 35（12）: 164 - 180.

［99］黄福广, 王贤龙, 田利辉, 等. 标的企业风险资本、协同效应和上市公司并购绩效［J］. 南开管理评论, 2020, 23（4）: 96 - 106.

［100］李常青, 陈泽艺, 魏志华. 媒体报道影响力对重组绩效的影响研究［J］. 厦门大学学报（哲学社会科学版）, 2016（4）: 96 - 106.

［101］赵国宇. 控制权获取、CEO 变更与合谋掏空——基于上市公司并购事件的研究［J］. 证券市场导报, 2017（6）: 30 - 35.

［102］RAGOZZINO R, REUER J J. Contingent earnouts in acquisitions of privately held targets［J］. Journal of management, 2009, 35（4）: 857 - 879.

[103] DATAR S, FRANKEL R, WOLFSON M. Earnouts: the effects of adverse selection and agency costs on acquisition techniques [J]. Journal of law, economics, & organization, 2001, 17 (1): 201-238.

[104] MANTECON T. Mitigating risks in cross-border acquisitions [J]. Journal of banking & finance, 2009, 33 (4): 640-651.

[105] CHOI A H. Facilitating mergers and acquisitions with earnouts and purchase price adjustments [J]. Journal of law, finance, and accounting, 2017, 2 (1): 1-47.

[106] LUKAS E, HEIMANN C. Technological-induced information asymmetry, M&As and earnouts: stock market evidence from Germany [J]. Applied financial economics, 2014, 24 (7): 481-493.

[107] BARBOPOULOS L G, MOLYNEUX P, WILSON J O S. Earnout financing in the financial services industry [J]. International review of financial Analysis, 2016, 47: 119-132.

[108] 沈华玉, 吴晓晖. 信息不对称、信息不确定与定向增发中的利润承诺 [J]. 世界经济, 2018, 41 (3): 170-192.

[109] 陈玉罡, 刘彪. 信息不对称、对赌支付与收购方收益 [J]. 财贸研究, 2018, 29 (6): 99-110.

[110] 沈华玉, 王行, 吴晓晖. 标的公司的信息不对称会影响业绩承诺吗? [J]. 管理科学学报, 2019, 22 (10): 82-100.

[111] 周菊, 陈欣. 并购业绩补偿承诺选择的动因研究——基于信息不对称的解释 [J]. 投资研究, 2020, 39 (1): 51-59.

[112] 佟岩, 林宇彤, 李鑫. 经济政策不确定性与长期并购绩效 [J]. 北京理工大学学报 (社会科学版), 2021, 23 (1): 53-66.

[113] 翟进步, 李嘉辉, 顾桢. 并购重组业绩承诺推高资产估值了吗 [J]. 会计研究, 2019 (6): 35-42.

[114] 周菊, 陈欣. 并购重组支付方式与并购溢价——基于交易成本与信息不对称的解释 [J]. 投资研究, 2019, 38 (12): 81-93.

[115] 刘娥平, 李泽熙. 业绩承诺的价值与定增并购价格偏离——基于B-S 期权定价模型 [J]. 南方经济, 2020 (10): 37-55.

[116] 刘建勇, 周晓晓. 并购业绩承诺、资产评估机构声誉与标的资产溢价——基于沪深 A 股上市公司的经验数据 [J]. 工业技术经

济，2021，40（1）：151-160.

[117] 李双燕，王彤. 基于不完全契约的并购对赌协议激励模型与案例[J]. 系统管理学报，2018，27（6）：1036-1043.

[118] 荣麟，朱启贵. 业绩补偿承诺对收购方短期股价绩效影响的实证检验[J]. 统计与决策，2018，34（13）：163-167.

[119] SONG D, SU J, YANG C, et al. Performance commitment in acquisitions, regulatory change and market crash risk-evidence from China[J]. Pacific-basin finance journal, 2019, 57: 101052.

[120] 饶艳超，段良晓，朱秀丽. 并购业绩承诺方式的激励效应研究[J]. 外国经济与管理，2018，40（7）：73-83.

[121] 刘峰涛，赵袁军，刘玮. 重复对赌协议机制下企业两阶段融资博弈[J]. 系统管理学报，2017（3）：528-536.

[122] 高闯，孙宏英，胡可果. 并购重组中大股东补偿承诺与中小股东权益保护——基于苏宁环球与世荣兆业的比较案例研究[J]. 经济管理，2010（11）：55-63.

[123] 杨超，谢志华，宋迪. 业绩承诺协议设置、私募股权与上市公司并购绩效[J]. 南开管理评论，2018，21（6）：198-209.

[124] 刘臻煊，朱考金，柯迪. 对赌协议、利益不一致与企业创新投入[J]. 科技进步与对策，2020，37（20）：10-19.

[125] 李晶晶，郭颖文，魏明海. 事与愿违：并购业绩承诺为何加剧股价暴跌风险？[J]. 会计研究，2020（4）：37-44.

[126] 张冀. 深市重大资产重组业绩承诺及商誉情况分析[J]. 证券市场导报，2017（11）：28-32.

[127] 高翀，孔德松. 并购中的业绩承诺条款与股价崩盘风险[J]. 经济与管理研究，2020，41（7）：77-93.

[128] 张海晴，文雯，宋建波. 借壳上市中的业绩补偿承诺与企业真实盈余管理[J]. 山西财经大学学报，2020，42（5）：99-111.

[129] 张国珍，潘爱玲，邱金龙. 期望理论解构下的并购业绩承诺与标的方盈余管理[J]. 商业研究，2020（9）：121-131.

[130] 王仲兵，张月，王攀娜. 企业业绩补偿承诺与审计投入[J]. 审计研究，2021（1）：50-58.

[131] 高翀，石昕. 并购业绩承诺兑现会影响审计意见吗？[J]. 审计

与经济研究, 2021, 36 (1): 48-57.

[132] 关静怡, 刘娥平. 对赌协议影响高管减持吗——基于 A 股上市公司定增并购事件的实证研究 [J]. 广东财经大学学报, 2020, 35 (2): 68-81.

[133] 孔宁宁, 吴蕾, 侯瑞劼. 大股东参与定增并购、业绩承诺与利益输送——基于百润股份收购巴克斯酒业案例的研究 [J]. 国际商务（对外经济贸易大学学报）, 2020 (6): 122-136.

[134] 窦超, 翟进步. 业绩承诺背后的财富转移效应研究 [J]. 金融研究, 2020 (12): 189-206.

[135] 饶茜, 侯席培. 并购重组业绩承诺与上市公司经营业绩——基于业绩承诺到期视角的分析 [J]. 商业研究, 2017 (4): 89-96.

[136] 沈红波, 陈恩, 余思娴. 业绩承诺到期、机构投资者行为与上市公司监管 [J]. 金融监管研究, 2020 (10): 34-51.

[137] 张海晴, 文雯, 宋建波. 并购业绩补偿承诺与商誉减值研究 [J]. 证券市场导报, 2020 (9): 44-54.

[138] 高榴, 袁诗淼. 上市公司并购重组商誉及其减值问题探析 [J]. 证券市场导报, 2017 (12): 58-64.

[139] 刘浩, 杨尔稼, 麻樟城. 业绩承诺与上市公司盈余管理——以股权分置改革中的管制为例 [J]. 财经研究, 2011 (10): 58-69.

[140] 王竞达, 范庆泉. 上市公司并购重组中的业绩承诺及政策影响研究 [J]. 会计研究, 2017 (10): 71-77.

[141] 邓茜丹. 外部可验证的商誉减值与审计费用——基于业绩补偿承诺的视角 [J]. 南京审计大学学报, 2020, 17 (4): 20-28.

[142] 李秉祥, 简冠群, 李浩. 业绩补偿承诺、定增并购双价格偏离与整合效应 [J]. 管理评论, 2019, 31 (4): 19-33.

[143] 简冠群, 李秉祥, 李浩. 业绩补偿承诺、研发投入与定增并购价值创造 [J]. 现代财经（天津财经大学学报）, 2019, 39 (4): 51-61.

[144] 余玉苗, 冉月. 并购支付方式、目标方参与公司治理与业绩承诺实现 [J]. 当代财经, 2020 (3): 137-148.

[145] 窦炜, Sun hua, 方俊. 管理层过度自信、独立财务顾问与业绩承诺可靠性 [J]. 审计与经济研究, 2019, 34 (6): 78-88.

[146] 刘向强,李沁洋. 会计师事务所声誉与并购业绩补偿承诺[J]. 审计研究, 2019 (6): 79-86.

[147] 武恒光,马丽伟,李济博. 企业并购重组中共有审计师与并购业绩承诺[J]. 审计研究, 2020 (3): 95-104.

[148] 于迪,宋力,侯巧铭. 管理者认知能力与并购业绩承诺的实现——基于业绩补偿方式中介效应和股权激励调节效应[J]. 财经问题研究, 2019 (12): 137-143.

[149] 简冠群. 大股东控制力、业绩补偿承诺与关联并购价值创造——基于股东关系联盟的新测算[J]. 中央财经大学学报, 2020 (7): 58-70.

[150] 徐莉萍,关月琴,辛宇. 控股股东股权质押与并购业绩承诺——基于市值管理视角的经验证据[J]. 中国工业经济, 2021 (1): 136-154.

[151] CORE J E, GUAY W R, VERRECCHIA R E. Price versus non-price performance measures in optimal CEO compensation contracts[J]. Accounting review, 2003, 78 (4): 957-981.

[152] BALL R. Market and political/regulatory perspectives on the recent accounting scandals[J]. Journal of accounting research, 2009, 47 (2): 277-323.

[153] JIN L, MYERS S C. R2 around the world: new theory and new tests[J]. Journal of financial economics, 2006, 79 (2): 257-292.

[154] KOTHARI S P, SHU S, WYSOCKI P D. Do managers withhold bad news?[J]. Journal of accounting research, 2009, 47 (1): 241-276.

[155] 江婕,王正位,龚新宇. 信息透明度与股价崩盘风险的多维实证研究[J]. 经济与管理研究, 2021, 42 (2): 53-65.

[156] 赵璨,陈仕华,曹伟. "互联网+"信息披露: 实质性陈述还是策略性炒作——基于股价崩盘风险的证据[J]. 中国工业经济, 2020 (3): 174-192.

[157] KIM J, LI Y, ZHANG L. Corporate tax avoidance and stock price crash risk: firm-level analysis[J]. Journal of financial economics, 2011, 100 (3): 639-662.

[158] KIM J, LI Y, ZHANG L. CFOs versus CEOs: equity incentives and crashes [J]. Journal of financial economics, 2011, 101 (3): 713-730.

[159] XU N, LI X, YUAN Q, et al. Excess perks and stock price crash risk: evidence from China [J]. Journal of corporate finance, 2014, 25: 419-434.

[160] CHEN J, CHAN K C, DONG W, et al. Internal control and stock price crash risk: evidence from China [J]. European accounting review, 2015, 26 (1): 125-152.

[161] ANDREOU P C, ANTONIOU C, HORTON J, et al. Corporate governance and firm-specific stock price crashes [J]. European financial management, 2016, 22 (5): 916-956.

[162] 邓鸣茂, 梅春, 颜海明. 行业锦标赛激励与公司股价崩盘风险 [J]. 上海财经大学学报, 2020, 22 (5): 79-93.

[163] CHEN C, KIM J, YAO L. Earnings smoothing: does it exacerbate or constrain stock price crash risk? [J]. Journal of corporate finance, 2017, 42: 36-54.

[164] 杨棉之, 张涛. 收益平滑与股价崩盘风险 [J]. 中央财经大学学报, 2018 (11): 71-81.

[165] KIM J, ZHANG L. Financial reporting opacity and expected crash risk: evidence from implied volatility smirks [J]. Contemporary accounting research, 2014, 31 (3): 851-875.

[166] KIM J, LI L, LU L Y, et al. Financial statement comparability and expected crash risk [J]. Journal of accounting and economics, 2016, 61 (2-3): 294-312.

[167] KOUSENIDIS D V, LADAS A C, NEGAKIS C I. Accounting conservatism quality of accounting information and crash risk of stock prices [J]. The journal of economic asymmetries, 2014, 11: 120-137.

[168] 宫义飞. 内部控制缺陷及整改对股价崩盘风险的影响 [J]. 中南财经政法大学学报, 2020 (1): 37-45.

[169] 吴先聪, 管巍. "名人独董"、管理层权力与股价崩盘风险 [J]. 现代财经（天津财经大学学报）, 2020, 40 (1): 98-113.

[170] 郑珊珊. 管理层权力强度、内外部监督与股价崩盘风险 [J]. 广东财经大学学报, 2019, 34 (4): 72-86.

[171] 周蕾, 周萍华, 方岳. 高管薪酬结构调整与股价崩盘风险: "利益趋同"还是"堑壕防御"? [J]. 财贸研究, 2020, 31 (8): 87-98.

[172] 胡珺, 潘婧, 陈志强, 等. 非执行董事的公司治理效应研究——股价崩盘风险的视角 [J]. 金融论坛, 2020, 25 (9): 61-71.

[173] 曾晓, 韩金红. 纵向兼任高管能降低股价崩盘风险吗? [J]. 南方经济, 2020 (6): 36-52.

[174] 史永, 李思昊. 披露关键审计事项对公司股价崩盘风险的影响研究 [J]. 中国软科学, 2020 (6): 136-144.

[175] 田昆儒, 田雪丰. 披露其他综合收益能够降低股价崩盘风险吗? [J]. 中南财经政法大学学报, 2019 (2): 20-30.

[176] 钟宇翔, 李婉丽. 盈余信息与股价崩盘风险——基于盈余平滑的分解检验 [J]. 管理科学学报, 2019, 22 (8): 88-107.

[177] 曹廷求, 张光利. 自愿性信息披露与股价崩盘风险: 基于电话会议的研究 [J]. 经济研究, 2020, 55 (11): 191-207.

[178] KIM J B, WANG Z, ZHANG L D. CEO overconfidence and stock price crash risk [J]. Contemporary accounting research, 2016, 33 (4): 1720-1749.

[179] 曾爱民, 林雯, 魏志华, 等. CEO过度自信、权力配置与股价崩盘风险 [J]. 经济理论与经济管理, 2017 (8): 75-90.

[180] 宫义飞, 夏艳春, 罗开心, 等. 上市公司业绩预告偏差对股价崩盘风险的影响——基于内部控制的视角 [J]. 财经理论与实践, 2020, 41 (5): 53-60.

[181] 吴定玉, 詹霓. 管理者过度自信对股价崩盘风险的影响研究——基于并购商誉的中介作用 [J]. 金融经济学研究, 2020, 35 (5): 108-120.

[182] 李昊洋, 程小可, 郑立东. 投资者情绪对股价崩盘风险的影响研究 [J]. 软科学, 2017 (7): 98-102.

[183] 田高良, 司毅, 秦岭, 等. 网络舆情及其应对与上市公司的信息效率 [J]. 系统工程理论与实践, 2018, 38 (1): 46-66.

[184] 权小锋，肖斌卿，吴世农. 投资者关系管理能够稳定市场吗？——基于 A 股上市公司投资者关系管理的综合调查 [J]. 管理世界，2016（1）：139-152.

[185] 张俊生，汤晓建，李广众. 预防性监管能够抑制股价崩盘风险吗？——基于交易所年报问询函的研究 [J]. 管理科学学报，2018，21（10）：112-126.

[186] 肖土盛，宋顺林，李路. 信息披露质量与股价崩盘风险：分析师预测的中介作用 [J]. 财经研究，2017（2）：110-121.

[187] 杨棉之，刘洋. 盈余质量、外部监督与股价崩盘风险——来自中国上市公司的经验证据 [J]. 财贸研究，2016（5）：147-156.

[188] 黄清华，刘岚溪. 上市公司调研报告的负面语气能否降低股价崩盘风险——基于文本分析的视角 [J]. 上海金融，2019（8）：31-47.

[189] XU N H, JIANG X Y, CHAN K C, et al. Analyst coverage, optimism, and stock price crash risk: evidence from China [J]. Pacific-basin finance journal, 2013, 25: 217-239.

[190] 董永琦，宋光辉. 基金公司实地调研：信息挖掘还是走马观花？[J]. 中南财经政法大学学报，2018（5）：114-122.

[191] 张丹妮，刘春林. 分析师推荐评级与股价崩盘风险——基于期望违背压力视角的思考 [J]. 中国经济问题，2020（3）：90-104.

[192] 裴平，傅顺，朱红兵. 分析师覆盖、现金流风险与股价崩盘 [J]. 华东师范大学学报（哲学社会科学版），2021，53（1）：142-154.

[193] 韩艳锦，冯晓晴，宋建波. 基于信息生成环节的分析师关注与股价崩盘风险 [J]. 管理学报，2021，18（2）：279-286.

[194] 孙鲲鹏，肖星. 互联网社交媒体对投资者情绪传染与股价崩盘风险的影响机制 [J]. 技术经济，2018，37（6）：93-102.

[195] 关静怡，朱恒，刘娥平. 股吧评论、分析师跟踪与股价崩溃风险——关于模糊信息的信息含量分析 [J]. 证券市场导报，2020（3）：58-68.

[196] 朱孟楠，梁裕珩，吴增明. 互联网信息交互网络与股价崩盘风险：舆论监督还是非理性传染 [J]. 中国工业经济，2020

(10)：81-99.

[197] 黄宏斌，牟韶红，李然. 上市公司自媒体信息披露与股价崩盘风险——信息效应抑或情绪效应？[J]. 财经论丛，2019（5）：53-63.

[198] 孟庆斌，黄清华，赵大旋，等. 互联网沟通与股价崩盘风险[J]. 经济理论与经济管理，2019（11）：50-67.

[199] 丁慧，吕长江，陈运佳. 投资者信息能力：意见分歧与股价崩盘风险——来自社交媒体"上证e互动"的证据[J]. 管理世界，2018，34（9）：161-171.

[200] 张肖飞. 资产误定价、机构投资者与股价崩盘风险[J]. 经济经纬，2018，35（2）：143-150.

[201] 郭白滢，李瑾. 机构投资者信息共享与股价崩盘风险——基于社会关系网络的分析[J]. 经济管理，2019，41（7）：171-189.

[202] 尹海员，朱旭. 机构投资者异质信息能力与上市公司股价崩盘风险[J]. 金融经济学研究，2019，34（5）：137-150.

[203] 何乔，薛宏刚，王典. 机构投资者、信息透明度与股价崩盘风险[J]. 经济体制改革，2017（5）：135-141.

[204] 孔东民，王江元. 机构投资者信息竞争与股价崩盘风险[J]. 南开管理评论，2016（5）：127-138.

[205] 逯东，付鹏，杨丹. 机构投资者会主动管理媒体报道吗？[J]. 财经研究，2016（2）：73-84.

[206] 董纪昌，庞嘉琦，李秀婷，等. 机构投资者持股与股价崩盘风险的关系——基于市场变量的检验[J]. 管理科学学报，2020，23（3）：73-88.

[207] 王建伟，钱金晶. 并购重组市场化改革问题及监管对策研究——基于深市并购重组交易的经验数据[J]. 证券市场导报，2018（10）：44-51.

[208] 李玉辰，费一文. 对赌协议的信号与反信号均衡[J]. 统计与决策，2013（14）：50-55.

[209] 于成永，于金金. 上市公司业绩承诺、公司治理质量与并购溢价[J]. 中国资产评估，2017（1）：39-44.

[210] 江虹，姜文静. 2010—2016年我国影视内容产业并购估值方式

研究［J］.现代传播（中国传媒大学学报），2017，39（6）：130－135.

［211］潘妙丽，张玮婷.上市公司并购重组资产评估相关问题研究［J］.证券市场导报，2017（9）：12－18.

［212］苏冬蔚，林大庞.股权激励、盈余管理与公司治理［J］.经济研究，2010，45（11）：88－100.

［213］葛伟杰，张秋生，张自巧.支付方式、融资约束与并购溢价研究［J］.证券市场导报，2014（1）：40－47.

［214］许竹.对赌协议在企业融资中的作用及对策研究［J］.金融经济，2016（20）：160－161.

［215］项海容，李建军，刘星.基于激励视角的对赌合约研究［J］.上海经济研究，2009（3）：92－98.

［216］KIM S，LEE C，WOOK YOON S. Goodwill accounting and asymmetric timeliness of earnings［J］. Review of accounting and finance，2013，12（2）：112－129.

［217］KIM J，ZHANG L. Accounting conservatism and stock price crash risk：firm-level evidence［J］. Contemporary accounting research，2016，33（1）：412－441.

［218］逯东，万丽梅，杨丹.创业板公司上市后为何业绩变脸？［J］.经济研究，2015（2）：132－144.

［219］FRANCIS B，HASAN I，LI L X. Abnormal real operations，real earnings management，and subsequent crashes in stock prices［J］. Review of quantitative finance and accounting，2016，46（2）：217－260.

［220］TANG H，CHANG C. Does corporate governance affect the relationship between earnings management and firm performance？ An endogenous switching regression model［J］. Review of quantitative finance and accounting，2015，45（1）：33－58.

［221］TEOH S H，WELCH I，WONG T J. Earnings management and the underperformance of seasoned equity offerings1［J］. Journal of financial economics，1998，50（1）：63－99.

［222］RANGAN S. Earnings management and the performance of seasoned equity offerings1 [J]. Journal of financial economics, 1998, 50 (1): 101 – 122.

[223] CHING K M L, FIRTH M, RUI O M. Earnings management, corporate governance and the market performance of seasoned equity offerings in Hong Kong [J]. Journal of contemporary accounting & economics, 2006, 2 (1): 73 – 98.

[224] 田昆儒, 王晓亮. 定向增发、盈余管理与长期股票收益 [J]. 财贸研究, 2014 (5): 147 – 156.

[225] LOUIS H. Earnings management and the market performance of acquiring firms [J]. Journal of financial economics, 2004, 74 (1): 121 – 148.

[226] 辛宇, 李天钰, 吴雯敏. 上市公司的并购、估值与股价崩溃风险研究 [J]. 中山大学学报 (社会科学版), 2015 (3): 200 – 212.

[227] 罗进辉, 杜兴强. 媒体报道、制度环境与股价崩盘风险 [J]. 会计研究, 2014 (9): 53 – 59.

[228] 王化成, 曹丰, 叶康涛. 监督还是掏空: 大股东持股比例与股价崩盘风险 [J]. 管理世界, 2015 (2): 45 – 57.

[229] 顾小龙, 李天钰, 辛宇. 现金股利、控制权结构与股价崩溃风险 [J]. 金融研究, 2015 (7): 152 – 169.

[230] 杨柔坚. 股权结构对上市公司并购重组绩效影响的研究——按关联与非关联交易分类 [J]. 审计与经济研究, 2016 (6): 67 – 76.

[231] SHLEIFER A, VISHNY R W. A survey of corporate governance [J]. Journal of finance, 1997, 52 (2): 737 – 783.

[232] CHANG S J. Ownership structure, expropriation, and performance of group-affiliated companies in Korea [J]. Academy of mangement journal, 2003, 46 (2): 238 – 253.

[233] 陈骏, 徐玉德. 并购重组是掏空还是支持——基于资产评估视角的经验研究 [J]. 财贸经济, 2012 (9): 76 – 84.

[234] 李姣姣, 干胜道. 定向增发资产注入、资产评估与利益输送——来自中国证券市场的经验数据 [J]. 海南大学学报 (人文社会科学版), 2015 (5): 38 – 45.

[235] 叶陈刚, 崔婧, 王莉婕. 大股东资产评估操纵的影响因素研究——基于资产收购关联交易的实证检验 [J]. 证券市场导报, 2018 (4): 4-12.

[236] 宋顺林, 翟进步. 大股东操纵资产评估价格了吗?——来自股改后资产注入的经验证据 [J]. 经济管理, 2014 (9): 145-155.

[237] 蒋弘, 刘星. 股权制衡对并购中合谋行为经济后果的影响 [J]. 管理科学, 2012 (3): 34-44.

[238] CHEUNG Y, JING L, LU T, et al. Tunneling and propping up: an analysis of related party transactions by Chinese listed companies [J]. Pacific-Basin finance journal, 2009, 17 (3): 372-393.

[239] LEI A C H, SONG F M. Connected transactions and firm value: evidence from China-affiliated companies [J]. Pacific-Basin finance journal, 2011, 19 (5): 470-490.

[240] CAI Y, SEVILIR M. Board connections and M&A transactions [J]. Journal of financial economics, 2012, 103 (2): 327-349.

[241] 巫岑, 唐清泉. 关联并购具有信息传递效应吗?——基于企业社会资本的视角 [J]. 审计与经济研究, 2016, 31 (2): 81-90.

[242] RHODES-KROPF M, ROBINSON D T, VISWANATHAN S. Valuation waves and merger activity: the empirical evidence [J]. Journal of financial economics, 2005, 77 (3): 561-603.

[243] PETMEZAS D. What drives acquisitions? [J]. Journal of multinational financial management, 2009, 19 (1): 54-74.

[244] 李君平, 徐龙炳. 资本市场错误定价、融资约束与公司投资 [J]. 财贸经济, 2015 (3): 88-102.

[245] 屈文洲, 叶震南, 闫丽梅. 股价泡沫真的会影响公司资本投资吗?——基于股权融资机制和迎合机制的实证检验 [J]. 证券市场导报, 2016 (6): 33-41.

[246] 罗琦, 贺娟. 股票市场错误定价与控股股东投融资决策 [J]. 经济管理, 2015 (1): 109-118.

[247] 张静, 王生年. 资产误定价对过度投资的影响路径 [J]. 财经科学, 2016 (3): 69-78.

[248] 唐蓓. 市场时机对上市公司并购投资行为的影响 [J]. 山西财经

大学学报, 2010 (6): 105-109.

[249] 窦炜, Sun hua, 方俊. 管理层过度自信、独立财务顾问与业绩承诺可靠性 [J]. 审计与经济研究, 2019, 34 (6): 78-88.

[250] 尹美群, 吴博. 业绩补偿承诺对信息不对称的缓解效应——来自中小板与创业板的经验研究 [J]. 中央财经大学学报, 2019 (10): 53-67.

[251] 李旎, 文晓云, 郑国坚, 等. 并购交易中的信息传递机制研究——基于业绩承诺的视角 [J]. 南方经济, 2019 (6): 29-47.

[252] HERTZEL M G, LI Z. Behavioral and rational explanations of stock price performance around SEOs: evidence from a decomposition of Market-to-Book ratios [J]. Journal of financial and quantitative analysis, 2010, 45 (4): 935-958.

[253] 袁知柱, 宝乌云塔娜, 王书光. 股权价值高估、投资者保护与企业应计及真实盈余管理行为选择 [J]. 南开管理评论, 2014 (5): 136-150.

[254] 唐清泉, 韩宏稳. 关联并购与公司价值: 会计稳健性的治理作用 [J]. 南开管理评论, 2018, 21 (3): 23-34.

[255] 陈耿, 严彩红. 代理冲突、激励约束机制与并购商誉 [J]. 审计与经济研究, 2020, 35 (2): 65-76.

[256] CAI J, WALKLING R A. Shareholders' say on pay: does it create value? [J]. Journal of financial and quantitative analysis, 2011, 46 (2): 299-339.

[257] CHUNG H, JUDGE W Q, LI Y. Voluntary disclosure, excess executive compensation, and firm value [J]. Journal of corporate finance, 2015, 32: 64-90.

[258] 张岩. 问询函监管与企业的真实盈余管理对策 [J]. 当代财经, 2020 (3): 90-101.